GRAYSON
LOON

YU-GI-OH

7

高橋和希

Kazuki TAKAHASHI

kana

⟨MAIN CAST⟩
MUTÔ YÛGI
Et voici notre héros ! Yûgi se faisait taquiner par ses camarades, jusqu'au jour où il a résolu l'énigme du puzzle millénaire… Ce puzzle trouvé dans un tombeau égyptien lui donne des pouvoirs qu'il va utiliser pour devenir le garant de la paix !

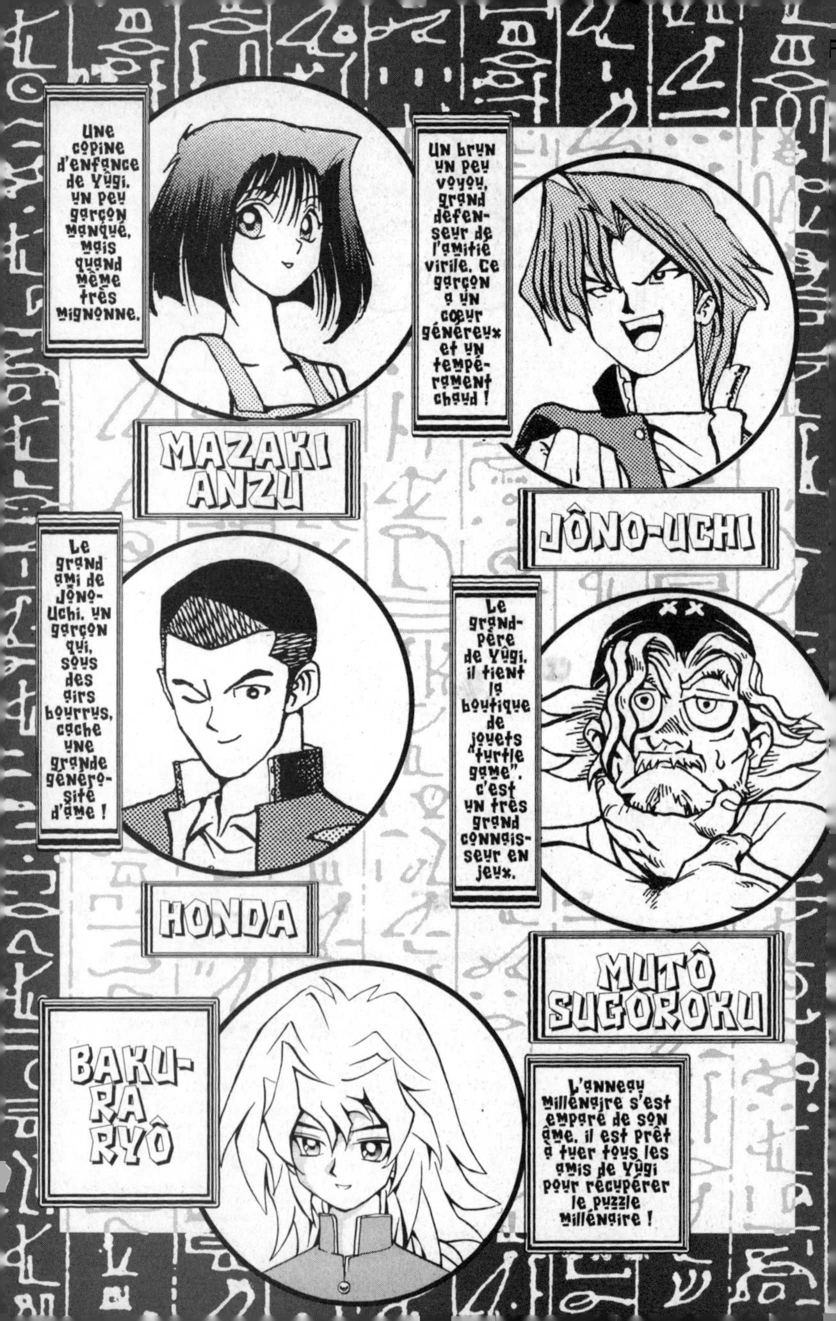
Une copine d'enfance de Yûgi. Un peu garçon manqué, mais quand même très mignonne.
MAZAKI ANZU
Un brun un peu voyou, grand défenseur de l'amitié virile. Ce garçon a un cœur généreux et un tempérament chaud !
JÔNO-UCHI
Le grand ami de Jôno-Uchi. Un garçon qui, sous des airs bourrus, cache une grande générosité d'âme !
HONDA
Le grand-père de Yûgi. Il tient la boutique de jouets "Turtle game". C'est un très grand connaisseur en jeux.
MUTÔ SUGOROKU
BAKU-RA RYÔ
L'anneau Millénaire s'est emparé de son âme. Il est prêt à tuer tous les amis de Yûgi pour récupérer le puzzle Millénaire !

YU-GI-OH !

Yu-Gi-Oh!

Volume 7

Sommaire

Battle 52
UN ENNEMI POUR MILLE ANS
3 : MONSTER WORLD (suite)

LE GOBLIN DE NIVEAU 3 EST TERRASSE D'UN COUP !!
BIEN JOUE !! ON FONCE SUR LE CHÂTEAU DE ZORK !!
ZUMF
OUAIS !!
OUI, MAIS IL FAUDRA FAIRE ATTENTION...
SI JAMAIS ILS COMMETTENT UNE ERREUR FATALE AU LANCER DE DÉS...
... ILS SERONT PRISONNIERS DU JEU POUR L'ÉTERNITÉ...

L'action se déroule dans une contrée sous l'emprise du DARK MASTER ZORK, l'inquiétant territoire du monster world. Les joueurs sont composés, d'une part, de l'équipe des aventuriers et, de l'autre, du dark master en meneur de jeu. Ce jeu est un affrontement entre le dark master et ses monstres et l'équipe des aventuriers.
Monster world, rpg boarding game. *
LE CHÂTEAU DE ZORK
ET VOICI NOS VALEUREUX AVENTURIERS QUI SE SONT REBELLÉS ET JURÉ D'ABATTRE L'INFÂME DARK MASTER !
DONG
*Jeu de rôle se jouant sur plateau.
ON Y VA !
HIROTO (HONDA) Magic gun man
JÔ (JÔNO-UCHI) guerrier
YÛGI (YUGI) dresseur de monstres
ANZU (ANZU) magicienne

ZUM
DARK MASTER
BAKURA RYÔ
ON DIRAIT QUE VOUS NE VOUS ÊTES ENCORE APERÇUS DE RIEN...
LE MONSTER WORLD !
CE JEU DE PLATEAU EST UN JEU DES TÉNÈBRES !!!
ET JE SUIS LE MAÎTRE DE CE JEU !
LE MAÎTRE POSSÈDE LE DROIT D'INFLIGER DES ÉPREUVES AUX AUTRES JOUEURS.
IL A ÉGALEMENT LA POSSIBILITÉ DE VOUS ENFERMER POUR L'ÉTERNITÉ DANS L'UNIVERS DE CE JEU...
MON OBJECTIF EST LE PUZZLE MILLÉNAIRE DE YÛGI !!
L'ANNEAU MILLÉNAIRE A LE POUVOIR D'ENFERMER L'ÂME D'UN INDIVIDU DANS UNE FIGURINE...
JE DOIS À TOUT PRIX M'EMPARER DU POUVOIR INCONNU QUI RÉSIDE DANS SON PUZZLE !
HE HE HE ...

HÉ HÉ HÉ... C'EST BIEN ! ON DOIT POURSUIVRE NOTRE OFFENSIVE !
KLOK
OUAIS !
ZUM ZUM
VOUS AVEZ REMARQUÉ DEVANT VOUS UNE FORME INERTE !
HOUPS... C'EST LÀ QUE VOUS ALLEZ VOUS ARRÊTER ...
ZUM
REGARDEZ LÀ-BAS ! IL Y A QUELQU'UN ALLONGÉ !!
ZRU
ZRU ZRU

VOUS NE CONNAISSEZ PAS L'IDENTITE DU PERSONNAGE ALLONGE...
EST-CE QU'IL EST VIVANT...? OU BIEN EST-IL MORT ?
ALLEZ-VOUS POUVOIR CONTINUER VOTRE PROGRESSION EN LE LAISSANT AINSI À SON SORT ?
ALORS ? QUE DECIDEZ-VOUS ?
LE PAUVRE ! IL FAUT FAIRE QUELQUE CHOSE !
S'IL EST MORT, ALORS TANT PIS !
MAIS ÇA PARAIT LOUCHE... C'EST PEUT-ÊTRE UN PIÈGE...
BON, LÀ, VOUS ME LAISSEZ FAIRE !
JE VAIS COMMENCER PAR LE PIQUER AVEC MON ÉPÉE !!
LE GUERRIER SONDE L'INDIVIDU...
TSUM TSUM
... QUI SE MET À BOUGER...
À PREMIÈRE VUE, IL S'AGIT D'UN JEUNE HUMAIN...
IL A L'AIR EFFRAYE DE VOUS VOIR...
Hii...
HÉ, TOI ! RASSURE-TOI ! NOUS NE SOMMES PAS DES ENNEMIS !
...

VOUS VOULEZ BIEN VENIR À MON SECOURS ?
JE ME SUIS FAIT ATTAQUER PAR UN MONSTRE DANS LA FORÊT ET IL M'A VOLÉ UN TRÉSOR QUI M'EST PARTICULIÈREMENT PRÉCIEUX !
UN TRÉSOR ?!
!
J'ÉTAIS EN ROUTE POUR PORTER CE TRÉSOR À DES BRAVES DU VILLAGE !
CE TRÉSOR UNIQUE EST UNE ÉPÉE SACRÉE QUI PEUT VAINCRE ZORK !
UNE ÉPÉE SACRÉE QUI PEUT VAINCRE ZORK ?!
JE VOUS EN SUPPLIE !
RÉCUPÉREZ CETTE ÉPÉE !
ALLEZ-VOUS RÉPONDRE À SA DEMANDE ?
POURTANT LES GENS DU VILLAGE NOUS AVAIT DIT D'ÉVITER D'ALLER DANS LA FORÊT...
OUAIS, MAIS CE TRÉSOR EN VAUT LA PEINE !
VOUS CROYEZ VRAIMENT QU'ON PEUT RÉCUPÉRER SI FACILEMENT UNE TELLE ÉPÉE ?
CE JEUNE GARÇON EST UN PERSONNAGE NON JOUEUR PRÉPARÉ PAR LE GAME MASTER... IL PEUT TRÈS BIEN SE RALLIER À NOUS COMME DEVENIR NOTRE ENNEMI...
ÇA LE FAIT OU ÇA LE FAIT PAS...

BON, ON VA DANS LA FORÊT !
JE VOUS REMERCIE, LAISSEZ-MOI VOUS ACCOMPAGNER !
D'ACCORD !
VOUS ALLEZ ÉCOUTER SON HISTOIRE ET VOUS DIRIGER VERS LA FORÊT.
PLAP
VOUS VOICI DANS LA FORÊT !
DANS CETTE ZONE VOUS AVEZ 80% DE CHANCES DE RENCONTRER DES MONSTRES !
80% !!!
LE LANCER DE LA DÉCISION !!
05 !!
CE N'EST PAS BON POUR VOUS ! PLUS VOUS ÊTES PROCHES DU ZÉRO, PLUS FORTS SERONT LES MONSTRES QUI VONT APPARAÎTRE !

ET VOILÀ CINQ MONS-TRES !!
ALLEZ ! ON Y VA !!

VOUS VOICI DANS LA BATAILLE !!
CE SONT LES AVENTURIERS QUI ONT L'INITIATIVE !
LA BATAILLE SE FAIT EXCLUSIVEMENT AVEC LE DÉ À DIX PANS !
L'ATTAQUE NE RÉUSSIT QUE SI ON OBTIENT UN CHIFFRE INFÉRIEUR AU POURCENTAGE DE VULNÉRABILITÉ DU MONSTRE !
ZRUM
ZRUM
PLUS LE CHIFFRE EXPRIMÉ PAR LES DÉS EST PROCHE DE 00 (LE SUPER CRITICAL), PLUS LES DOMMAGES INFLIGÉS AU MONSTRE SERONT IMPORTANTS.
PAS DE PROBLÈME ! JE CHARGE LE PREMIER !!!
JE L'ÉCLATE !
JÔ (JÔNO-UCHI)
espèce : humain
métier : guerrier
arme : short sword
équipement : armure de cuir et bouclier de cuir
coup spécial : le coup d'épée fulgurant.
JE LANCE LES DÉS !!
TIENS !!!
VLAF
KLOC
PLOK
82 !!

TRÈS MAUVAIS !!!
GEHA GEHA NIARK ...
ERRRPS
PIRE QU'UNE ATTAQUE RATÉE, LE GUERRIER JÔ VIENT DE SE PRENDRE LES PIEDS ET TOMBE PAR TERRE !
LE MONSTRE QUI VIENT D'ATTAQUER JÔ, LE BEAGER, A SON POURCENTAGE DE VULNÉRABILITÉ À 30% !
ZRUMMF
LA HONTE !!
BON, JE PRENDS LE TOUR SUIVANT.
PFFIU
HIROTO (HONDA)
espèce : humain
métier : magic gun man
il ne possède pas de sort de magie, mais il porte à sa taille un pistolet qui peut tirer des munitions magiques et infliger des dégâts importants à son adversaire.
coup spécial : le thunder grenade (six munitions)
GWOOOORK
VLA
KLOP
PLOK

21 !!
EN PLEIN DANS LE MILLE !!
GYOOOO...
ZUKYUUU
UUUN
BIEN JOUÉ !
ET EN VOILÀ UN D'ABATTU !!!
OUAIS, PAS MAL !
GLULULUUU
BOKYIII
MAINTENANT, C'EST À MOI DE JOUER !!
VLAF

GRAOUU
GROOO
GROOO
ÇA SERA TOI !!
GROO
LE DRESSEUR PEUT S'APPROPRIER UN MONSTRE ENNEMI PAR LE POUVOIR DE SES MAINS.
GROOO
IL A RÉUSSI !!!
LE POUVOIR DE SES MAINS EXPRIME UN TAUX DE DOCILITÉ DU MONSTRE DE 50% !
25 !!!
POM
LES MAINS MAGIQUES !!!
MALAXE
GRiii
MALAXE
ÇA CHATOUILLE
HYAAA
GRii ?
PLOP
POKY!!!
POKY!!! (BONJOUR MAÎTRE ! JE TE PRÊTE MA FORCE QUAND TU EN AS ENVIE !)
LES FORCES OCCULTES VIENNENT DE QUITTER LE MONSTRE. IL EST DEVENU L'UN DES NÔTRES !!

MAINTENANT C'EST À MOI !
VAS-Y, ANZU !
IL NE RESTE PLUS QUE TROIS MONSTRES !
KLOC
ET HOP !
ANZU (ANZU)
espèce : elfe
métier : magicienne
son niveau de puissance est encore faible, elle est en phase d'apprentissage. Mais l'enseignement dispensé par son maître laisse augurer d'une grande puissance de magie.
GRAOOOOU...
BLAM
GROOO GROOO
SON APPRENTISSAGE SE TERMINE PAR UN SORT DE MAGIE D'UN TRÈS HAUT NIVEAU !!
OO !!
C'EST TERRIBLE ! ELLE VIENT DE SORTIR UN SUPER CRITICAL HIT !!

FIN DE L'APPRENTISSAGE ! LE FINAL BIG BANG !!
UGYAAAAAA
ZBOOOOM
DINGUE !! J'AI FAIT EXPLOSER LES TROIS MONSTRES RESTANTS !
ANZU, C'EST BIEN JOUÉ !
C'EST DONC ÇA LA PUISSANCE DU SUPER CRITICAL !!
ON VA POURSUIVRE NOTRE PROGRESSION !!
HE HE HE...
UHM ?

HA HA HA HA
!!
C'EST DONC VOUS, LES QUATRE AVENTURIERS QUI OSEZ CONTESTER MON AUTORITÉ...
VOUS VOUS ÊTES LAISSÉS BERNER ET M'AVEZ SUIVI DANS CETTE FORÊT DE LA MORT...
C'EST ICI QUE VA PRENDRE FIN VOTRE AVENTURE !
!!
MAIS ? QUI ES-TU ?
GUIOM
ゴモゴモ
MORK MORK
GUIOM
INCROYABLE ! LE JEUNE GARÇON CHANGE PROGRES-SIVEMENT D'APPARENCE !
ZGROOO
ゴゴゴゴ
ZGROOO
SON IDENTITÉ EST...

... LE DARK MASTER ZORK !!!
ZDOOOM
ZORK !!!

JE VAIS JUSTE VOUS APPRENDRE UNE CHOSE ! IL N'EXISTE AUCUNE ÉPÉE QUI PUISSE ME VAINCRE !!
WAH HA HA HA !
LES AVENTURIERS SONT TOTALEMENT PRIS AU DÉPOURVU, ILS SONT SANS DÉFENSE !
ILS VONT ÊTRE OBLIGÉS DE SUBIR L'ATTAQUE DE ZORK !
LES DÉS VONT FIXER LE NIVEAU D'ATTAQUE DE ZORK !!
VLAM
00
LE SUPER CRITICAL !!!
!!
LA FORCE OCCULTE DE ZORK VA S'ABATTRE SUR LES JOUEURS !!
ZORK A DÉCIDÉ QUE SON ATTAQUE PORTERA SUR ANZU !

LE TRANSFERT DE L'ÂME. LE MIND DOLL !!!
ZUKYUUUN
ANZU !!!
GLAK
ET D'UNE !! SON ÂME EST TRANSFÉRÉE DANS LA FIGURINE...
GRÂCE À MA TECHNIQUE DU MASTERING, JE PEUX CONTRÔLER LES DÉS À MA GUISE !
ZRUUU ZRUUU
MAINTENANT, YÛGI, ÇA VA ÊTRE TON TOUR !!
MAIS ! CE JEU, C'EST ...!!!
GROOO
ANZU ! QU'EST-CE QUE TU AS ?!!
EUH... MAIS ...?!
JE SUIS ...

ANZU !
ZRU
ZRU
Battle 53
UN ENNEMI POUR MILLE ANS
4 : DANS LE RÔLE DE LA FIGURINE
ANZU !
ANZU !

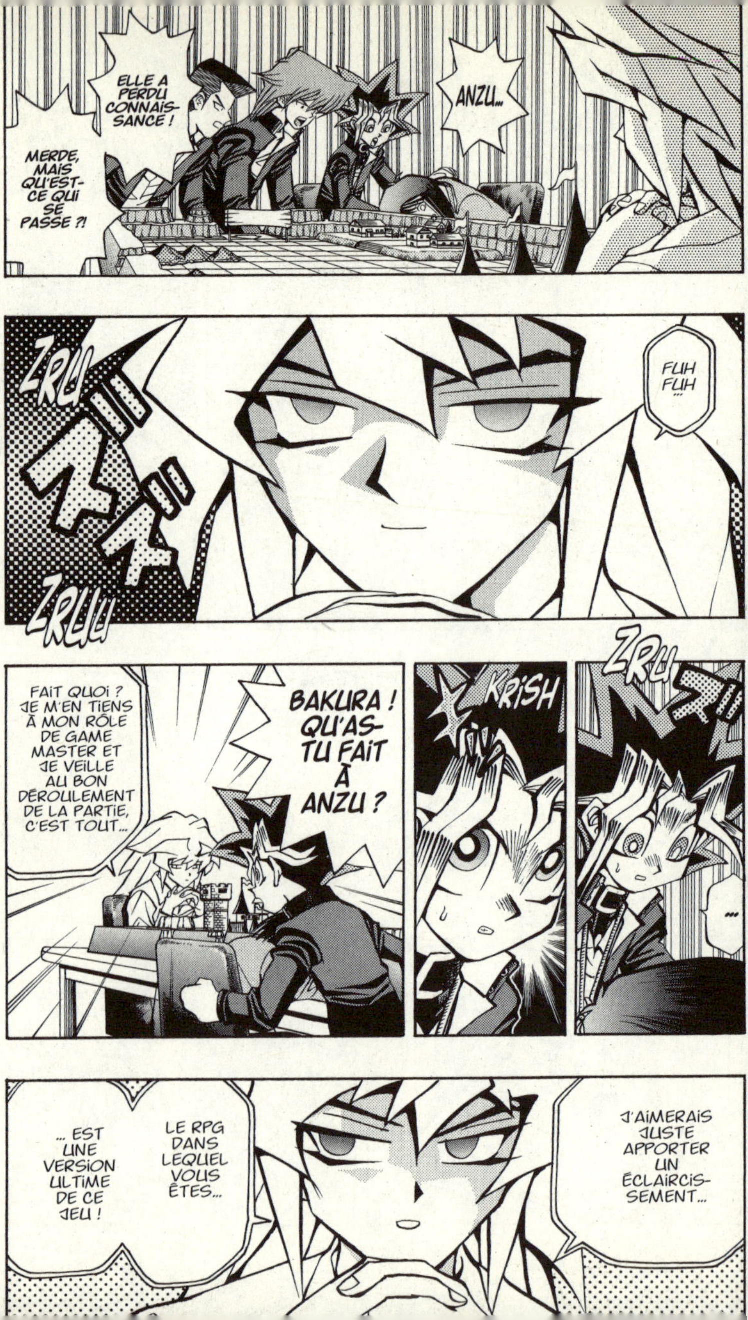
ANZU...
ELLE A PERDU CONNAISSANCE !
MERDE, MAIS QU'EST-CE QUI SE PASSE ?!
FUH FUH...
ZRU
ZRUU
ZRU
...
KRISH
BAKURA ! QU'AS-TU FAIT À ANZU ?
FAIT QUOI ? JE M'EN TIENS À MON RÔLE DE GAME MASTER ET JE VEILLE AU BON DÉROULEMENT DE LA PARTIE, C'EST TOUT...
J'AIMERAIS JUSTE APPORTER UN ÉCLAIRCISSEMENT...
LE RPG DANS LEQUEL VOUS ÊTES...
... EST UNE VERSION ULTIME DE CE JEU !

JE VOUS AVAIS BIEN EXPLIQUÉ QUE CE JEU CONSISTE À INCARNER...
... UN AVENTURIER QUI ÉVOLUE DANS UN MONDE VIRTUEL QUI FRANCHIT LES LIMITES DE LA RÉALITÉ !
UN JEU DE RÔLE ULTIME !!!
BAKURA ! TU NE RÉPONDS PAS À MA QUESTION, QU'EST-CE QUI EST ARRIVÉ À ANZU ?!
RASSURE-TOI.
ANZU EST BIEN VIVANTE !!!
MAIS DANS CE MONDE...
ZRRUU
ZRUU
ZRUU
ZRUU
JE... JE...
QU'EST-CE QUI M'ARRIVE ?

!!
DONG
MAIS POURQUOI VOUS M'OBSERVEZ D'EN HAUT ?
...
NON, C'EST PAS POSSIBLE ...?
GLOUP
GLOUP
JE SERAIS TRANSFORMÉE EN FIGURINE ?!
KYAAAAA
!!
J'AI PAS RÊVE !
LA VOIX VENAIT BIEN DE LA FIGURINE DU MAGICIEN !!
C'EST LA VOIX D'ANZU !!
ANZU !!
YUGI !!!
VOUS !
ANZU EST DEVENUE UNE FIGURINE ?!
GROO
GROOO

LE DESTIN DE CHACUN DES JOUEURS SE DÉCIDE AVEC LES DÉS.
QUAND L'ATTAQUE DU DARK MASTER SE MANIFESTE PAR UN LANCER DE DÉS QUI AFFICHE LE SUPER CRITICAL (LE 00)...
... OU BIEN QUAND LE JOUEUR AFFICHE LA PIRE DES COMBINAISONS, LE 99...
... PAR LE POUVOIR DES FORCES OCCULTES, SON ÂME SE TROUVE TRANSFÉRÉE DANS UNE FIGURINE !
LES FORCES OCCULTES !!!
BAKURA... TU SERAIS DONC...
ZRUUU ZRUUUUM
IL N'EXISTE QU'UN SEUL MOYEN DE RÉCUPÉRER SON ÂME. IL FAUT VAINCRE LE DARK MASTER ZORK.
KYAAAA
L'ORDURE...
MOI, JE VAIS L'ÉCLATER, CE ZORK !!!

PLOK
KLOP
VLAM
ERPS... MAUVAIS !
LE MAUDIT 99 !!
GROO GROOO
GROO
GROO
CE N'ÉTAIT PAS TON TOUR D'ATTAQUER !!
JÔNO-UCHI, QUEL QUE SOIT LE RÉSULTAT DES DÉS, TES MAUVAISES MANIÈRES RISQUENT DE TE COÛTER CHER...
EN JOUANT LES DÉS SANS L'ACCORD DU GAME MASTER, TU VIENS DE TRANSGRESSER LA RÈGLE DE CE JEU.
TU VAS DEVOIR ASSUMER TON ERREUR !
GROO
GROO
ZUKYUUUUUN

JÔNOUCHI !!
ZRULU
C'EST PAS VRAI !
DONG
!!
MAIS... C'EST QUOI ÇA ?!!
JÔNOUCHI... TOI AUSSI !
ANZU !
JÔNOUCHI !
YÛGI !
MAIS QU'EST-CE QU'ON DOIT FAIRE ?!
URRH...
BAKURA !!!
GROO
YÛGI, TON AMI ET TOI, VOUS DEVREZ RESTER VIGILANTS...
SI, PAR LA SUITE, VOUS DEVENEZ AUSSI DES FIGURINES, IL NE RESTERA PLUS PERSONNE POUR LANCER LES DÉS À VOTRE PLACE...
LA PARTIE PRENDRA FIN ET VOUS RESTEREZ PRISONNIERS POUR L'ÉTERNITÉ DANS L'UNIVERS DE CE JEU !

URRH...
AH HA HA HA ! WAH HA HA !!
DANS CE CAS, ON DOIT SE BATTRE !!!
YŪGI ! LANCE LES DÉS À NOTRE PLACE !!!
!!

ON REPREND LA PARTIE !!
AU TOUR SUIVANT, C'EST LE MAGIC GUNMAN QUI A DES CHANCES DE POUVOIR ATTAQUER ZORK !!
C'EST À MOI DE JOUER !
ZROMB
MAIS... FACE À L'ASSURANCE QUE DÉGAGE ZORK, IL SE PEUT QU'IL RESSENTE DE LA PEUR !
DANS UN TEL CAS, IL FAUT MESURER LE DEGRÉ DE COURAGE QUI EST EN MAGIC GUNMAN !
SI, EN JETANT LES DÉS, IL SORT UN POURCENTAGE DE CRAINTE INFÉRIEUR À 70%, ÇA SIGNIFIE QU'IL SURMONTE SON APPRÉHENSION ET IL PREND L'AVANTAGE.
DANS LE CAS CONTRAIRE, C'EST ZORK QUI PREND L'INITIATIVE.
ALLEZ ! TU PEUX LANCER LES DÉS !
ARRÊTE TES CONNERIES !
T'INSINUES QUE J'SUIS EN TRAIN DE FLIPPER ?!
GRR...
TREMBLE
NON, JE N'AI PAS PEUR !!!
BAKURA ! MES MAINS TREMBLENT DE RAGE !!
CE SONT LES DÉS QUI LE DIRONT...
VLAF
ALLEZ ! VAS-Y HONDA !
OUAIS !

KLOP
PLOK
VLAF
C'EST QUOI CE DÉLIRE ?!!
94 !!
MOI... MOI AVOIR LES BOULES ?!
HE HE...
LES DÉS NE MENTENT PAS.
LE MAGIC GUNMAN EST TÉTANISÉ PAR LA TERREUR...
IL SE MAUDIT LUI-MÊME D'ÊTRE AUSSI PEU COURAGEUX !
TU VAS ME LE...!
PAR CONSEQUENT, ZORK REPREND L'INITIATIVE !!
IL REPASSE À L'OFFENSIVE !
GROO
GROO
GROO
KRUU...
KTCHAC

DONG
COM-MENT ?!
LE SUPER CRITICAL !!!
PAS POS-SIBLE ...
ÇA FAIT DEUX FOIS DE SUITE QUE ZORK LANCE UN SUPER CRITICAL !
BA-KU-RA !!!
TU AS TRUQUE LES DÉS !
LES DÉS NE MENTENT PAS...
ZUKYUUUN
GROOO
GRR...

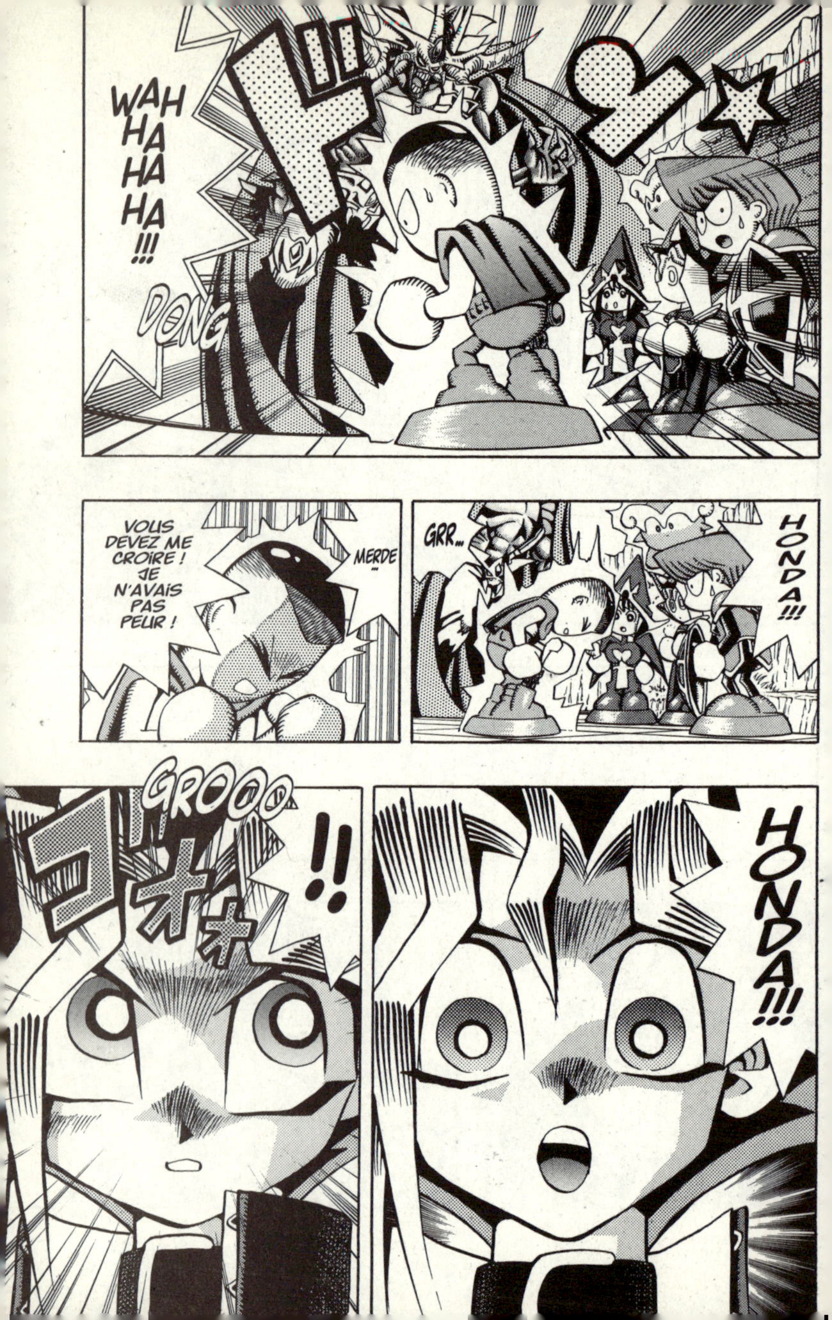
WAH HA HA HA HA !!!
DONG
HONDA !!!
GRR...
MERDE ...
VOUS DEVEZ ME CROIRE ! JE N'AVAIS PAS PEUR !
HONDA !!!
GROOO
!!

YÛGI ! TE VOILÀ BIEN SEUL MAINTENANT !!!
OOOOOOO
TU RESTES LE SEUL À POUVOIR LANCER LES DÉS ET T'OCCUPER DE TON ÉQUIPE !
ET QUAND LES POINTS DE VIE (HP) DES JOUEURS SE TROUVENT À ZÉRO, ILS MEURENT POUR DE BON.
PRENDS BIEN GARDE DE NE PAS TUER TES AMIS...
HÉ HÉ HÉ...
YÛGI !!!
YÛGI, ON COMPTE SUR TOI !
MES AMIS !

ZUMF
ON REPREND NOTRE COMBAT !!!
MAINTENANT, C'EST AU TOUR DU MAGIC GUNMAN DE CONTRE-ATTAQUER !
GROO
VAS-Y, LANCE LES DÉS !
YUGI...
ZRUU
ZRUU
GROO
AVANT ÇA, BAKURA...
... JE VOUDRAIS ÊTRE TRANSFÉRÉ DANS UNE FIGURINE !!
VLAM
HEIN ...?
QUOI ?!
QU'EST-CE QUE TU VIENS DE DIRE ?
TU VEUX DEVENIR TOI AUSSI UNE FIGURINE ?
YUGI !
YUGI !!!

JE NE VEUX PAS QU'ILS SOIENT LES SEULS À RISQUER LEURS VIES !
GROO
JE VEUX ÊTRE SUR LE TERRAIN POUR ME BATTRE AU CÔTÉ DE MES AMIS !
GROOO
YŪGI !
YŪGI... IL M'EST ASSEZ FACILE DE RÉPONDRE À TA DEMANDE, MAIS...
... TU ES LE SEUL QUI PUISSES ENCORE LANCER LES DÉS. QUI LE FERA À TA PLACE ?
MON AUTRE MOI !!
GROO GROO
ZDOO
LE MASTER A LE DEVOIR DE RÉALISER LES DÉSIRS DES JOUEURS DANS LA LIMITE DE SES POSSIBILITÉS...
PUISQUE TEL EST TON SOUHAIT... JE SUIS D'ACCORD !
ET VOILÀ ! LA PARTIE EST TERMINÉE !!!
ZDOO

ZUKYUUUN
DONG
YUGI!!
HA HA HA ! TOUS LES JOUEURS SONT DEVENUS DES FIGURINES !
C'EST UNE VICTOIRE ÉCRASANTE POUR MOI...
UHM...
!!

QUOI ...?
BLAM
ON ÉTAIT EN PLEINE PARTIE ! C'EST À MOI DE LANCER LES DÉS !
LA CONTRE-ATTAQUE DU MAGIC GUNMAN !
PLOK
KLOP
VLAF

TOUCHE!!
03
GYAAAA!!
DOKYUUUN
LE THUNDER GRENADE !!!

!!
GWUOOOO...
PAS MAL, ÇA !!
RASSUREZ-VOUS ! JE ME PORTE GARANT DE VOS VIES !
JE TE L'AVAIS BIEN DIT... AVEC DES AMIS DIGNES DE CONFIANCE...
JE N'AVAIS AUCUNE RAISON DE FLIPPER !
UN AUTRE YÛGI ...?!
JE VAIS ABATTRE CE ZORK !!!
YÛGI !!!

Battle 54
UN ENNEMI POUR MILLE ANS 5
GWOOOOO
DU BEAU TAF !!!
L'ATTAQUE DU MAGIC GUNMAN LUI A ARRACHE LE BRAS GAUCHE !
SHUUU
BLAM
ZRUU
ZRUU
C'EST DONC LUI...

ZDOOOOM
... L'AUTRE YÛGI !!
Battle 54
UN ENNEMI POUR MILLE ANS
5 : IL FAUT STOPPER LA SÉRIE DES CRITICALS

YÛGI !
ON TE CONFIE NOS VIES, MAIS DÉBARRASSE-NOUS DE CE ZORK !
JE M'EN CHARGE !
!
J'AI DEUX MAÎTRES ?!
C'EST LUI...
... L'AUTRE MOI...
OUAIS !
C'EST LA PREMIÈRE FOIS QU'ON SE VOIT...
TU T'ES SACRIFIÉ POUR VENIR EN AIDE À TES AMIS !
C'EST CE COURAGE QUI NOUS FAIT NOUS RENCONTRER AUJOURD'HUI.

OUI !
ZRUU
ZRUU
C'EST TOI QUI ES EN CE PUZZLE MILLE-NAIRE...
JE SAUVERAI MES AMIS !
JE DOIS VAINCRE ZORK POUR DÉLIVRER LES ÂMES DE MES AMIS ENFERMÉS DANS CES FIGURINES !!
ON CONTINUE LA PARTIE !

L'AUTRE YÛGI !
À PARTIR DE MAINTENANT, C'EST TOI QUI LANCES LES DÉS ET QUI T'OCCUPES DE TON ÉQUIPE DANS LE JEU !
MAIS SI LES POINTS DE VIE DES FIGURINES ARRIVENT À ZÉRO, TES AMIS MOURRONT !
PAS ENVIE DE CREVER DANS CET ACCOUTREMENT DE POUPÉE !
MAGIC GUNMAN HIROTO HP 23
GUERRIER JÔ HP 25
YÛGI LE DOMPTEUR DE MONSTRES HP22
MAGICIENNE ANZU HP 18
NOUS DEVONS TOUS CROIRE EN YÛGI !
ON PEUT DIRE QUE, DANS CE JEU, LA VICTOIRE REPOSE PRINCIPALEMENT SUR LE LANCER DE DÉS.
MAIS POUR GAGNER, IL FAUT QUE JE TROUVE UN MOYEN DE STOPPER SA TECHNIQUE QUI LUI PERMET DE SORTIR LE CRITICAL HIT !

ZUMF
LE COMBAT CONTINUE !!
IL A EU LA MALADRESSE DE PERDRE UN BRAS, MAIS...
... ÇA NE LUI FAIT PAS GRAND-CHOSE !
AU CONTRAIRE, JE CROIS MÊME QUE ÇA MET LES JOUEURS DANS UNE SITUATION DÉLICATE.
!!
WUNGLOGLOG
REGARDEZ ÇA ! LE BRAS DE ZORK...
GLOG
SHULULULU
SHULULU
IL CHANGE DE FORME !

ZDOM
LES PARTIES DE MON CORPS QUI SE DÉTACHENT DE MOI DEVIENNENT AUSSI DES MONSTRES QUI ME SONT DÉVOUÉS !
PAS JUSTE ! IL S'EST MÉTAMORPHOSÉ EN MONSTRE !!!
GERPS !
MAUVAIS !
POKY!! (Zork est l'incarnation même des forces des ténèbres !)
POKY!! (Tant qu'on ne l'aura pas supprimé, il continuera à créer des monstres !)
SEIGNEUR ZORK, LAISSEZ-NOUS NOUS OCCUPER DE CES GENS !
BLAF
BONNE IDÉE !

T'AS L'INTENTION DE T'ENFUIR ?! ZORK ! RESTE ICI ET BATS-TOI CONTRE NOUS !
IL Y A DÉJÀ UN TABLEAU SPÉCIALEMENT PRÉVU POUR NOTRE PROCHAIN AFFRONTEMENT !
ESSAYEZ DE GARDER VOTRE HAINE INTACTE JUSQU'À MON CHÂTEAU ! MÊME SI JE CROIS QUE VOUS SEREZ MORTS AVANT D'Y ARRIVER !
ZRUUU
ZRUUUU
WAH HA HA HA HA !
VLAF
ZORK S'EST ENVOLÉ POUR REGAGNER SON CHÂTEAU...
LE CHACAL !!!
ON FERA TOUT POUR ALLER DANS SON MAUDIT CHÂTEAU !
ON LUI FERA SA FÊTE !!
BAKURA FAIT DE NOUS CE QU'IL VEUT, ON AVANCE DANS LE JEU COMME IL L'A PRÉVU !
ON EST COMPLÈTEMENT MANIPULÉS DANS SON JEU !
C'EST EXACT !
LE SCÉNARIO ÉLABORÉ PAR BAKURA PRÉVOYAIT DE NOUS PRENDRE AU DÉPOURVU, FAIRE APPARAÎTRE ZORK POUR FINALEMENT NOUS ENFERMER DANS CES FIGURINES !
C'EST UN REDOUTABLE MENEUR DE JEU !
EN PLUS, CHACUN DE SES LANCERS DE DÉS DONNENT UN CRITICAL HIT.
ON A VRAIMENT DES CHANCES DE GAGNER ?
GROO GROOO

OUi, iL EXiSTE UN MOYEN DE GAGNER !
YûGi ! JE COMPTE SUR TOi !
J'SUiS PRÊT !
GUERRIER ! C'EST À TOi D'ATTA-QUER !
ZUMF
À NOUS DEUX !
ALLEZ, YûGi ! LANCE TES DÉS !
N'OUBLiE PAS QUE Si TU LOUPES, LE JOUEUR MEURT POUR DE BON !

J'Y VAIS !!!
VLAM
KYUUUN
SKASH
BLAM
SUPER CRITICAL !!!

LE FATAL COUP D'ÉPÉE FULGURANT !!
ZBAAAA
YÛGI ! C'ÉTAIT DÉMENT !!!
ENCORE UN CRITICAL !!!
FUGYAAAAAA
HÉ HÉ ...
URP...!
YÛGI... IL AURAIT RÉUSSI ...?

ALORS, BAKURA ?
ON ATTEND LA SUITE DES INSTRUCTIONS !
GRR...
L'ATTAQUE DU GUERRIER VIENT D'ATTEINDRE LE MORAL DU MONSTRE RESTANT !
C'EST AU TOUR DU DRESSEUR D'ATTAQUER !!!
VLAM
AVANT DE PRENDRE LE CHÂTEAU D'ASSAUT, JE DOIS DOMPTER UN MAXIMUM DE MONSTRES POUR LES INTÉGRER À L'ÉQUIPE !
CE MONSTRE A L'AIR COSTAUD ! CE SERAIT BIEN DE POUVOIR L'ATTRAPER !
ZORK ARM DRAGON
NIVEAU 4
GRAOUUUU
VAS-Y YŪGI ! CHOPE-LE !!
POKYIII ! (Je veux bien le ligoter !)
JE VAIS TE CAPTURER !

GROO
GROO
LE SORT DU DOMPTEUR ! HAND POWER !!!
Le maître va assurer
MAIS CE MONSTRE ÉTAIT IL Y A PEU DE TEMPS ENCORE UNE PARTIE DU BRAS DE ZORK !
SON TAUX DE DOCILITÉ EST ASSEZ FAIBLE, IL EST DE 10% !
10% ! IL FAUT QUE JE SORTE UN CHIFFRE INFÉRIEUR À 10, SINON C'EST RATÉ !
JE DOIS FAIRE CONFIANCE À L'AUTRE MOI...!
VLAM
LE LANCER DE LA DÉCISION !!!
KLAPS
KLOK
VLA
HÉ... LE DE ROUGE DE LA DIZAINE A SORTI UN 8 !
UN ÉCHEC CUISANT !!!
UHM ?!

KAASH
QUOI ?!
LE DÉ QUI S'ÉTAIT ARRÊTÉ A ÉTÉ BOUSCULÉ PAR L'AUTRE ET S'EST REMIS À TOURNER !
GYUUUUUU
CETTE TECHNIQUE ...!!!
GLOUPS
EH OUI... UNE TECHNIQU DE TRICHE ! LE DOUBLE HIT !
BAKURA ! C'EST LA MÊME ASTUCE QUI T'A PERMIS DE SORTIR TA SÉRIE DE CRITICALS !
GYUUUUUUU

VLAM
GLOUP
UN CRITICAL !!!
ET LE VOICI DRESSE !!
PLOP
LE COUP DES MAINS MAGI-QUES !!!
GRRRRIII ...?!

MALAXE
MALAXE
MALAXE
MALAXE
Hi Hiii... CHATOUILLE
MALAXE
MALAXE
BAM
POW !
ET VOICI UN NOUVEAU COPAIN !
POKYII ! (Toi aussi tu vas devoir assurer avec nous !)
POW ! (Je sais ! Je ferai tout pour mon nouveau maître !)
JE PENSAIS PAS QU'IL CONNAISSAIT LE COUP DU DOUBLE HIT...
L'ENFOIRÉ DE BAKURA, IL AVAIT UNE RUSE POUR LANCER LES DÉS !
YÛGI ! C'EST VRAI QU'IL EXISTE UN TRUC POUR ASSURER AU LANCER DE DÉS ?
OUI.

CE DÉ POSSÈDE DIX FACES, DONC CINQ FACES PAR MOITIÉ DE DÉ.
LA MOITIÉ SUPÉRIEURE AFFICHE LES CHIFFRES PAIRS (0, 2, 4, 6 ET 8), L'AUTRE MOITIÉ AFFICHE LES CHIFFRES IMPAIRS.
LE POINT CRUCIAL DANS LA TECHNIQUE DU DOUBLE HIT EST DE FAIRE TOURNER LA PARTIE DES CHIFFRES PAIRS VERS LE HAUT.
ÇA RÉDUIT LES RISQUES QUE LE DÉ S'ARRÊTE SUR UN CHIFFRE IMPAIR !
ET ÇA LAISSE UNE CHANCE SUR CINQ QUE LE CHIFFRE ZÉRO SORTE !
GYUUUUU
MAIS ON DOIT IMPRIMER UNE FORTE ROTATION AU DÉ QUI AFFICHE L'UNITÉ (CHIFFRE 0 À 9) !
LE DÉ ROUGE DE LA DIZAINE DOIT TOURNER LENTEMENT POUR QU'IL SOIT LE PREMIER À S'ARRÊTER AU CAS OÙ LE ZÉRO NE SORTIRAIT PAS...
KLOK
KLANK
CE QUI PERMET AU DÉ QUI TOURNE PLUS VITE DE REFAIRE TOURNER L'AUTRE SI NÉCESSAIRE !
MAIS COMMENT LES DÉS PEUVENT-ILS SE BOUSCULER QUAND "IL LE FAUT" ?
IL SUFFIT DE PRODUIRE DES VIBRATIONS POUR ORIENTER LA TRAJECTOIRE DU DÉ QUI TOURNE !
PAR EXEMPLE AVOIR SON GENOU SOUS LA TABLE...!
AVEC CETTE TECHNIQUE, ON PEUT S'ARRANGER POUR AFFICHER CE QU'ON VEUT !

BAKURA, JE SUIS DÉSOLÉ, MAIS...
ZRUU
ZRUU
... LES TRUCS DE CHARLATAN, ÇA MARCHE PAS AVEC MOI !!
ZBAAAAAAA

ON VA LANCER LES DÉS COMME ÇA...
OK !
... EN LES FAISANT GLISSER DE LA MAIN ET EN INTERDISANT DE LES FAIRE TOURNER !
J'AC- CEPTE.
BAKURA ! À LA PROCHAINE FEINTE, TU DEVRAS TE TRANS- FORMER EN FIGURINE !
ON CONTINUE LA PARTIE !!!
LES AVENTURIERS SE SONT DÉBARRASSÉS DES SUBALTERNES, ILS CONTINUENT LEUR PROGRESSION !
ZUM

NOUS VOICI AU CHÂTEAU DE ZORK !
ゴ゙
GROO GROO
ゴ゙ゴ゙
POKY!! (J'suis bien remonté !)
VOUS ÊTES TOUS PRÊTS ?!
J'AI MIS FIN À SA TRICHE AVEC LES DÉS !!
C'EST MAINTENANT QUE LA PARTIE COMMENCE !!!

LE CHÂTEAU DE ZORK !!!
C'EST LE REPAIRE DU ROI ZORK, CELUI QUI TYRANNISE LES TÉNÈBRES !!
ZRUU
ZRUU
ZRUU
Battle 55
UN ENNEMI POUR MILLE ANS
6 : LE PIÈGE DU CHÂTEAU DE ZORK
LES ÂMES DE MES AMIS SONT PRISONNIÈRES DE CE MONDE, ENFERMÉES DANS DES FIGURINES...
JE DOIS À TOUT PRIX LES DÉLIVRER !!!

ON VA S'INTRODUIRE DANS LE CHÂTEAU ! J'ESPÈRE QUE VOUS ÊTES EN PLEINE FORME !
POKY!!! (Faites attention ! le château doit être piégé !)
ON A COMPRIS, ON SERA PRUDENTS !
QUELLE QUE SOIT LA NATURE DU PIÈGE, YÛGI EST AVEC NOUS !
UN AMI EN QUI ON A CONFIANCE !!
VONT-ILS RÉUSSIR À SURMONTER LES PIÈGES... HÉ HÉ...
YÛGI, LE MOMENT EST VENU DE METTRE À L'ÉPREUVE TON SENS DU JEU !!
LE PONT-LEVIS S'OUVRE !!!
ZBOULUM
GROO
GROO

MES CHERS AVENTURIERS !
LA VOIE DU CHÂTEAU VOUS EST OUVERTE !!!
ALLEZ ! ON FONCE !
ZUM
ZUM
LES AVENTURIERS VIENNENT DE PÉNÉTRER DANS L'ENCEINTE DU CHÂTEAU DE ZORK.
OUVERTURE DU TABLEAU "CHÂTEAU DE ZORK" !
SHLAAK
GSHHHN
LES PARTIES DU CHÂTEAU SONT AUSSI MODÉLISÉES EN TROIS DIMENSIONS !
ZDODOM

C'EST LA DERNIÈRE QUÊTE DE CE JEU !
VOUS DEVEZ DÉBUSQUER ET ABATTRE ZORK POUR GAGNER LA PARTIE !!
OÙ IL EST PLANQUÉ, CET INFÂME ZORK ?!
ESPÈCE DE GROS LÂCHE !
CETTE FOIS-CI, IL NE NOUS ÉCHAPPERA PAS !
UHM ?
GROO
GROO
CETTE TOUR A L'AIR BIEN SUSPECTE !!!
ON VA Y JETER UN OEIL !
ZRUU
ZRUU
ATTENDS ! PAS TOUT DE SUITE !

IL SERT À QUOI CE SOCLE ? ET CES CURIEUSES INSCRIP-TIONS...?
UN SIMPLE BAS-RELIEF ! ON DEVRAIT INSPECTER LA PIÈCE !
CES INSCRIPTIONS SONT BIZZARES !
IL DOIT Y AVOIR UNE SIGNIFI-CATION À ÇA...
J'AI L'IMPRESSION QU'IL EXISTE UNE AUTRE PARTIE QUI POURRAIT S'EMBOÎTER SUR CELLE-LÀ...
UHM ?
C'EST UN PIÈGE !
ATTENDEZ TOUS !!
N'ENTREZ PAS DANS LA TOUR !!
HEIN ...?
TROP TARD, ON EST DÉJÀ DEDANS...
PRIS AU PIÈGE ...
ZRUUU ZRUUU

GROOOO
!!
LE PLAFOND NOUS TOMBE DESSUS !!!
ZBOUM
Mon maître !!
MES AMIS !!!

LA MALCHANCE VIENT DE S'ABATTRE SUR LES AVENTURIERS...
MAIS RASSURE-TOI, IL N'EXISTE PAS DE GAME MASTER QUI FASSE MOURIR IMMÉDIATEMENT SES JOUEURS !
YÛGI, JE LEUR LAISSE UNE CHANCE DE S'EN TIRER SAUFS !
DOMF
C'est terrible !
SCRAC
SCRAC
SCRAC
MERDE, ON SE FAIT ECRASER !!
SCRAC
SCRAC
SCRAC
SCRAC
SCRAC
GROO
MES AMIS !!
GROO
CE PLAFOND N'EST PAS SEULEMENT LOURD, EN PLUS IL Y A DES POINTES.
ON PEUT PAS BOUGER DE LÀ, ÇA CRAINT !
SCRAC
BLAF
BAKURA, TU ES VRAIMENT...!
J'AI CONÇU LES FIGURINES, ELLES DEVRAIENT ENCORE RÉSISTER QUELQUES HEURES AVANT DE SE FRACASSER !
YÛGI, JE TE DONNE LA CHANCE DE LANCER LES DÉS TROIS FOIS !
SI TU ÉCHOUES, TES AMIS MOURRONT ! HÉ HÉ...

ET MAINTENANT, UNE ÉNIGME !
C'EST À TOI DE FAIRE APPARAÎTRE LE PILIER QUI VIENDRA SOUTENIR LE PLAFOND !
MAIS POUR CELA TU DEVRAS SORTIR UNE SÉRIE DE CHIFFRES BIEN PARTICULIÈRE !
UNE COMBINAISON DE CHIFFRES ...?!
LE LANCER DE DÉS PEUT FAIRE APPARAÎTRE UN PILIER ?
GROO GROO
ON COMPTE SUR TOI POUR SORTIR UN CRITICAL !
YUGI !
IL EN VA DE LA VIE DE MES AMIS !!
JE N'AI PAS LE TEMPS DE RÉFLÉCHIR...
GRIP !!!
LE LANCER DE DÉS !!!
SDAA
KLAP
PLOK

VLAM
BIEN ! UN CRITICAL !!!
BIEN JOUÉ !!
C'EST UN BON LANCER, MAIS DÉSOLÉ, CE N'EST PAS LA COMBINAISON MAGIQUE !
UN INDICE, DANS UN DOUBLE CHIFFRE SE TROUVE LE SECRET !!
MÊME LE CRITICAL NE CHANGE RIEN À LA SITUATION ...!
ET EN PLUS JE DOIS SORTIR UN DOUBLE CHIFFRE ?!
!
LE SECRET EST DANS CET ÉTRANGE MOTIF...!

ZUNF
SCRAC
SCRAC
SCRAC SCRAC
YÛGI ...!
IRPS...
SCRAC
IL FAUT FAIRE VITE, SINON MES AMIS VONT MOURIR...!
ET MAINTENANT, ON PROGRAMME L'ARRIVÉE DE ZORK !!
LES CHANCES D'APPARITION SONT DE 30% !
!!
SI JAMAIS ZORK ARRIVE MAINTENANT...
... LA SITUATION DEVIENT VRAIMENT CRITIQUE !!
VLAN
LE LANCER DE LA DÉCISION !
PLOK
BAM
ON DIRAIT QUE TU AS SORTI CE QU'IL Y A DE PIRE POUR TES AMIS !
28

ET VOILÀ ZORK !!!
ZOMB
Hyaaa
QUOI ?!!
URKS !!!
ZOMB
BANDE DE PETITS MORVEUX ! VOUS ÊTES PRIS AU PIÈGE !!
VOUS ÊTES IMMOBILISÉS ! PRÉPAREZ-VOUS À SUBIR MON CHÂTIMENT !!

ZRUUZ
ZRUU
T'ES... T'ES VRAIMENT UN GROS LÂCHE !!
VIENS TE BATTRE À LA RÉGULIÈRE ! ENFLURE !!
GWAF GWAF ...
PAS BON, ÇA... OU BIEN ILS SE FONT ÉCRASER MAINTENANT, OU BIEN, AU TOUR SUIVANT, EN L'ABSENCE DE PROTECTION, ILS SE FONT TUER PAR ZORK !
GROO
GROO
JE DOIS LES SORTIR DE CE MAUVAIS PAS !!
VLAF
KAAS
ÇA VA PAS...
IL ME FAUT DEUX FOIS LE MÊME CHIFFRE !!
SCRAC
SCRAC
SCRAC
SCRAC
SCRAC
MERDE... JE N'EN PEUX PLUS...
URKS...
L'ATTAQUE DE ZORK ! LE TAUX DE RÉUSSITE EST DE 95% !!

41 !
PAS TERRIBLE COMME CHIFFRE...
ENFIN, C'EST BIEN SUFFISANT POUR LES TUER !!
PRENDS ÇA !!
ZBAAAM
GWAARPS
URGL...
YÛGI
HP 13
ZWAF
URKS...!
JÔ
HP 15

UPS !!!
GRRR
YÛGI... IL RESTE ENCORE UNE CHANCE...
LANCE CES DÉS !
MÊME DANS CETTE SITUATION, ON CONTINUE À CROIRE EN TOI !!
SCRAC
SCRAC
SCRAC
MES AMIS...
!!
MAIS OUI !!
JE VIENS DE COMPRENDRE LE SENS DE CE RELIEF !!
KAASH

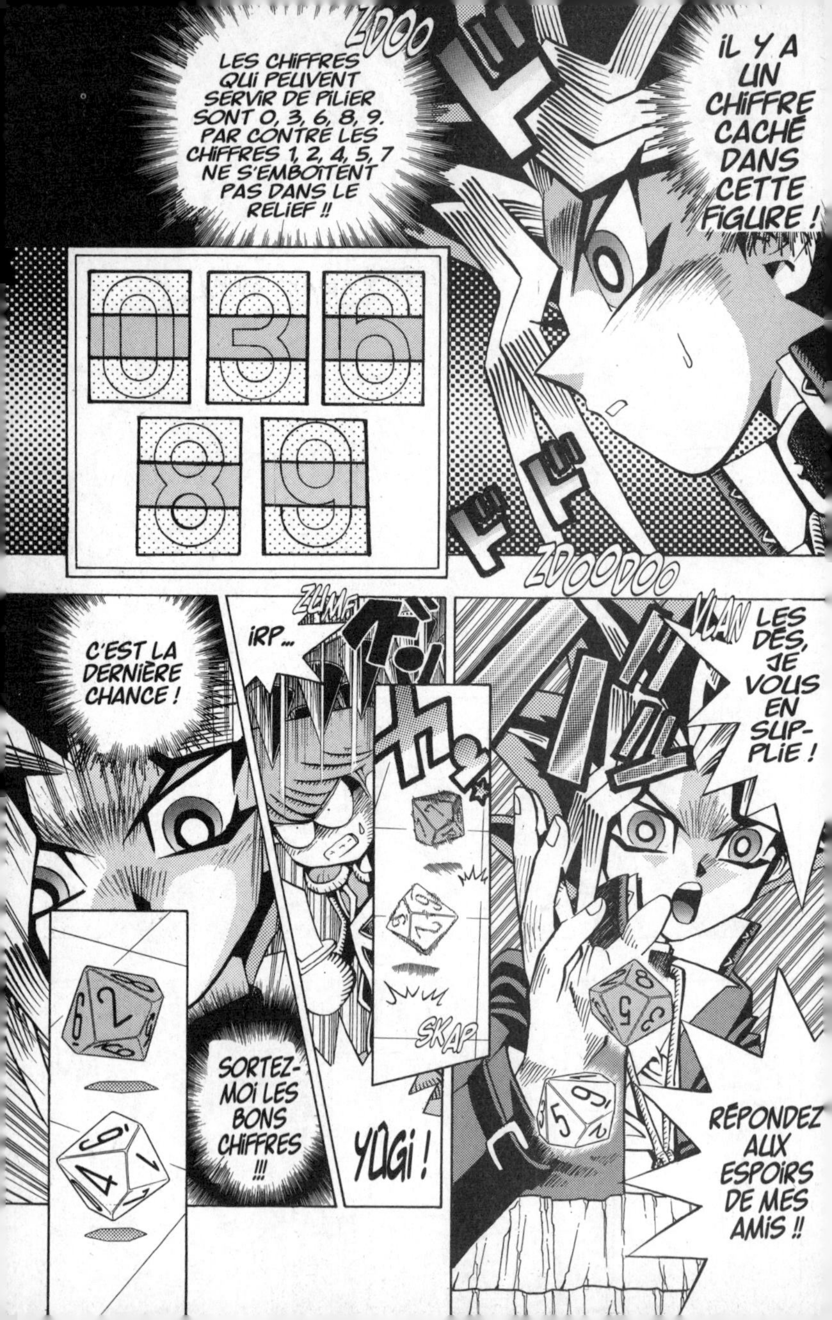
ZDOO
IL Y A UN CHIFFRE CACHÉ DANS CETTE FIGURE !
LES CHIFFRES QUI PEUVENT SERVIR DE PILIER SONT 0, 3, 6, 8, 9. PAR CONTRE LES CHIFFRES 1, 2, 4, 5, 7 NE S'EMBOÎTENT PAS DANS LE RELIEF !!
ZDOODOO
VLAN
LES DÉS, JE VOUS EN SUP-PLIE !
RÉPONDEZ AUX ESPOIRS DE MES AMIS !!
ZUMF
IRP...
SKAP
YÛGI !
C'EST LA DERNIÈRE CHANCE !
SORTEZ-MOI LES BONS CHIFFRES !!!

33 !
BAM
EST-CE QUE C'EST LA BONNE COMBI-NAISON ...?
JE VOUS EN SUPPLIE !!!
ZRUU
ZRUU
ZRUU
ZRUU
KRUU...!
SCRAC
SCRAC
SCRAC
SCRAC
J'EN PEUX PLUS !!!

DONG
33
12
L'ATTAQUE DE ZORK EST DIRIGÉE CONTRE LES AVENTURIERS !!
BIEN VU, TU AS TROUVÉ LA SOLUTION, MAIS...
... NOUS DEVONS CONTINUER AVEC UNE ATTAQUE DE ZORK !
LE PILIER VIENT D'APPARAÎTRE !!!
C'EST LE BON CHIFFRE !!!

JE VAIS COUPER CETTE TOUR AVEC LES FIGURINES QUI SONT DEDANS !!
SHUPAAAA
LE MASHUTÔSEN
ZGLONG
AH HA HA HA ! ILS N'ONT AUCUNE CHANCE D'EN SORTIR VIVANTS !
DÉSOLÉ, MAIS POUR CE QUI EST DE LA RAPIDITÉ D'ACTION, LES AVENTURIERS SONT MEILLEURS QUE TOI !
À LA FIN DE L'ÉNIGME, ILS ONT EU LE TEMPS D'ÉVACUER LA TOUR.

EN FAIT, ILS SONT EN PLEINE FORME DERRIÈRE TOI !!
BLAM
!!

BAKURA ! NOUS ÉTIONS DERRIÈRE ZORK, ON AURAIT DÛ AVOIR L'INITIATIVE DE L'ATTAQUE !!!
AAAH...
LE LANCER DE DÉS !!
VLAM

GWUOOO !
BAKURA, JE VAIS TE MONTRER CE QUE NOUS FAISONS QUAND NOS FORCES SONT RÉUNIES !
ZORK N'A QU'À BIEN SE TENIR !
ON VA LE PULVÉRISER !

Battle 56
UN ENNEMI POUR MILLE ANS
7 : MOI AUSSI, JE VAIS ME BATTRE !

ZBAAAM
GUERRIER JÔ
HP15 NV1
MAGICIENNE ANZU
HP18 NV1
L'ATTAQUE DU GUERRIER A TOUCHÉ ZORK !
ZDOOO ZDOOO ZDOOO
GWUOOOO
ON CONTI-NUE COMME ÇA !!
GRRR...

MAGIC GUNMAN
HIROTO
HP23 NV1
LE DRESSEUR D'
MONSTRES YÛG
HP13 NV
GROOO
ZDOO
LE DARK MASTER ZORK
HP205 NV15
ZRUU
ZRUU

SUR CE TOUR, LES AVENTURIERS SONT DANS LE DOS DE ZORK !
ILS PEUVENT ENCORE ATTAQUER !!
D'ACCORD !
YUGI ! TU PEUX LANCER LES DÉS !
LAISSEZ-MOI FAIRE !
DONG
BAKURA, ON A JOUÉ À CE JEU EN PENSANT QUE TU ÉTAIS UN AMI !
EN FAIT, TU NOUS AS TRAHIS ET EN PLUS ON EST TRANSFORMÉS EN FIGURINES !
JE NE TE PARDONNERAI JAMAIS UNE TELLE TRAHISON !!!
JE VAIS ÉCLATER CE ZORK ! ET FAIRE EXPLOSER TA CERVELLE !

VOUS ME CONFIEZ VOTRE HARGNE ! JE LA PRENDS EN MAIN !
LES DES SONT AVEC NOUS !
GRÏP
GRÏISH
LE LANCER DE DÉS !
VLA
KLOC

DONG
UN CRITICAL !!!
PAS POSSIBLE ...!
GYAAAAAA
LE THUNDER GRENADE !!!
GYUUN

C'EST PAS FINI !
PLAKS
L'ATTAQUE MAGIQUE D'ANZU ! UN AUTRE LANCER DE DÉS !
LE DEATH BREEZE !!
ZBÖOOO
GWUOORPS

ET POUR L'ACHEVER !!!
VLAM
POKY!! ! On y va !
UW UW
UN CRITICAL !!!
LE BEAST ATTACK !!
ZDOO
ZDOOO ZDOO

DOM !
GWUOOO
ZWAAAAAW !!
GRR...
CE MAUDIT YÛGI... COMMENT FAIT-IL POUR ENCHAÎNER SA SÉRIE DE CRITICALS ?!
POURTANT, IL N'A PAS L'AIR D'UTILISER D'ASTUCES...
BAKURA ! IL N'Y A NI TRUC, NI TRICHERIE !!
LES DÉS DE YÛGI RENFERMENT NOS ÂMES !!
LES DÉS NE FONT QU'AFFICHER NOTRE COLÈRE !!!
VLAM

HÉ HÉ ...
ZRUU
ZRUU
!
ZRUU
ZRUU
ZRUU
ZRUU
KOAAA !?
APRÈS TOUT CE QU'ON LUI A MIS, IL N'A QUASIMENT RIEN !!
WAHAHAHAHAHA
ZUMF

JE SUIS DÉSOLÉ DE VOUS DIRE ÇA, MAIS VOUS N'ÊTES QU'AU NIVEAU 1 ! VOUS MANQUEZ ENCORE D'EXPÉRIENCE POUR L'ABATTRE !
HE HE HE...
URPS ...!
MAIS, C'EST PAS POSSIBLE... TOUS CES CRITICALS N'ONT PAS SUFFI ?!
C'EST PAS JUSTE... DANS CE CAS, ON N'A AUCUN MOYEN DE LE BATTRE ?!!
POKYI (Pas juste !)
VOUS INSINUEZ QUE JE SUIS UN LÂCHE ?
MAIS VOUS OUBLIEZ QUE CE MONDE A ÉTÉ CRÉÉ PAR LE MAÎTRE DU JEU !
JE DOMINE CE MONDE ! C'EST MOI QUI EN ÉDIFIE LES RÈGLES !
JE SUIS LE DIEU DE CE MONDE !
GRR...
JE M'EN DOUTAIS... CE JEU EST FAIT POUR QU'ON NE PUISSE PAS GAGNER !
LA BATAILLE CONTINUE !!!
C'EST VOUS QUI ALLEZ METTRE EN SCÈNE VOS PROPRES MORTS !
YÛGI... TU ES BIEN NAÏF DE CROIRE QUE TU T'ES DÉBARRASSÉ DE MA TECHNIQUE DE LANCER DE DÉS...
J'AI ENCORE D'AUTRES SURPRISES POUR TOI...

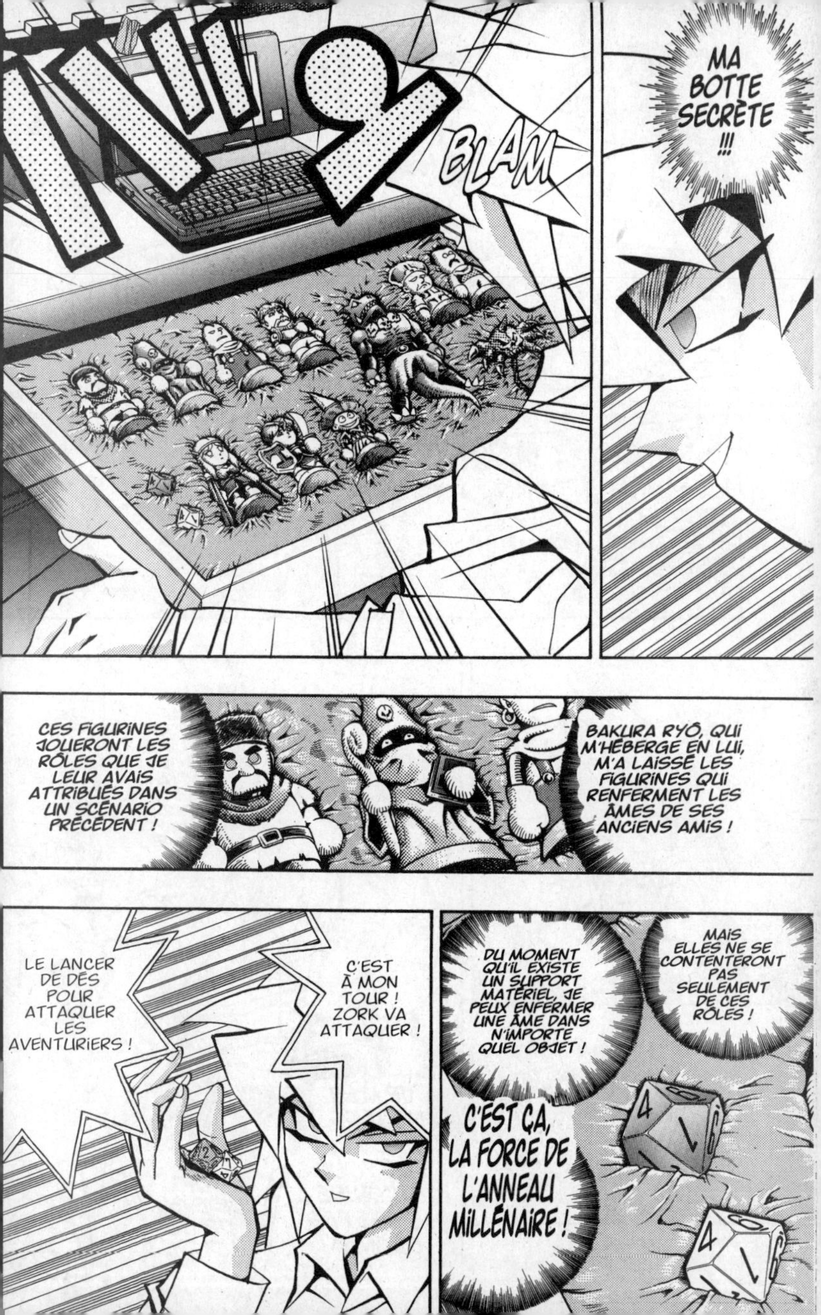

MA BOTTE SECRÈTE !!!
BLAM
BAKURA RYÔ, QUI M'HÉBERGE EN LUI, M'A LAISSÉ LES FIGURINES QUI RENFERMENT LES ÂMES DE SES ANCIENS AMIS !
CES FIGURINES JOUERONT LES RÔLES QUE JE LEUR AVAIS ATTRIBUÉS DANS UN SCÉNARIO PRÉCÉDENT !
MAIS ELLES NE SE CONTENTERONT PAS SEULEMENT DE CES RÔLES !
DU MOMENT QU'IL EXISTE UN SUPPORT MATÉRIEL, JE PEUX ENFERMER UNE ÂME DANS N'IMPORTE QUEL OBJET !
C'EST ÇA, LA FORCE DE L'ANNEAU MILLÉNAIRE !
C'EST À MON TOUR ! ZORK VA ATTAQUER !
LE LANCER DE DÉS POUR ATTAQUER LES AVENTURIERS !

LE LANCER DE DÉS DU LAVAGE DE CERVEAU !!!
00
COM-MENT ...?!
UN SUPER CRITI-CAL !
ZBAAAAAAAM
LA MAGIE NOIRE DE ZORK ! LE CATA-CLYSME NOIR !

URPS...
MES AMIS !!!
ZKIIN
AH HA HA HA HA !!!
GROO
GROO
HÉ HÉ... AVEC CE SORT DE MAGIE, MÊME UN PERSONNAGE DE NIVEAU 50 SERAIT BALAYÉ !
LES AVENTURIERS DOIVENT TOUS ÊTRE MORTS !
...!
ZRUU
ZRUU

POUR EN AVOIR LE COEUR NET...
ON VA VÉRIFIER LE NIVEAU DE VIE DES AVENTURIERS SUR L'ORDINATEUR...
LA VICTOIRE À CE JEU SE DÉCIDE PAR LE VERDICT DE L'ORDINATEUR...
KTCHAC
KTCHIC
KTCHAC
HP 23
HP 13
HP 18
HP 15
KTCHIC
J'ENTRE DANS L'ORDINATEUR LE TAUX DES DÉGÂTS INFLIGÉS PAR ZORK AINSI QUE LE TAUX DE RÉUSSITE DE CETTE ACTION ET POUR FINIR LE TAUX DE VULNÉRABILITÉ DES AVENTURIERS.
KTCHAC
L'ORDINATEUR FAIT LA MOYENNE DE CES DONNÉES ET CALCULE LE NOMBRE DE POINTS DE VIE DES JOUEURS !
ÇA DEVRAIT ÊTRE DE L'ORDRE DE ZÉRO...
KTCHAC
HUM...
KTCHIC
KTCHAC
QUOI ?!!
HP 1
HP 1
HP 1
HP 1
IL LEUR RESTE ENCORE UN POINT ?!
KTCHAC
KTCHIC
KTCHAC
IMPOSSIBLE... C'EST COMPLÈTEMENT ABSURDE...
KTCHAC

ZUZUMF
KRUU...
POKYI (Ça va ?)
GRAOUW
MES AMIS !!!
JE LE SAVAIS !!
OUI, ON SAVAIT QUE NOS ÂMES N'ÉTAIENT PAS MORTES !
FOUAH
FOUAH
VOUS ALLEZ BIEN ?!
OUAIS, ON EST ENCORE EN VIE !
MÊME ÉLOIGNÉES, NOS ÂMES NE FONT QU'UNE !
SI MON AUTRE MOI DEVAIT MOURIR, ALORS JE DISPARAÎTRAIS AVEC LUI !
OUI !

MAIS POURQUOI ?!
OUI, POURQUOI ?
KTCHAC
KTCHIC
KTCHAC
TCHIC
UHM...
MAIS ? C'EST QUOI ?!
TCHIC
TCHAC
...
KTCHAC
TCHIC
KTCHAC
TCHIC
MA MAIN TAPE TOUTE SEULE SUR LE CLAVIER !!
KTCHAC
TCHIC
KTCHAC
TCHIC
QU'EST-CE QUI SE PASSE ?
!!
KOAAAA ?!

BLAM
JE SUIS BAKURA RYÔ. JE NE TE LAISSERAI PAS TUER MES AMIS. MOI AUSSI, JE VAIS ME BATTRE.
TCHAC
TCHIC
!!
ZORK ET MOI, NOUS NE FAISONS QU'UN DANS L'UNIVERS DE CE JEU !! SI ÇA SE TROUVE...?
LE BRAS GAUCHE DE ZORK QUE J'AI FAIT L'ERREUR DE PERDRE TOUT À L'HEURE...
BAKURA RYÔ...
IL M'HÉBERGE EN LUI, MAIS POURTANT J'AVAIS PRIS LA PRÉCAUTION DE VERROUILLER SON ÂME... IL VIENT DE SE DÉLIVRER ET IL S'EXPRIME...?
BAKURA, QUI EST AUSSI EN MOI, SERAIT EN TRAIN DE MANIPULER MON BRAS GAUCHE ? ÇA SERAIT ÇA L'EXPLICATION ?
LE LANCER DE DÉS !!
VLA

ZDOF
GYAAAAAA
JE TE LE RÉPÈTE UNE DERNIÈRE FOIS !
...
ZRUU
ZRUUU
ZRUU
LA PARTIE N'EST PAS TERMINÉE !!

ZUMF
Battle 57
UN ENNEMI POUR MILLE ANS 8
GWAAAAAA
LE GUERRIER JÔ VIENT DE CREVER L'OEIL GAUCHE DE ZORK !!
HA HA, CE COUP-LÀ, ÇA A DÛ LUI FAIRE MAL !
PSHUUUUU
GYAAAAAA
ZORK HP 178
GRRRR... MAUDIT YÛGI...

Battle 57
UN ENNEMI POUR MILLE ANS
8 : BATTLE ! BATTLE !

SI SEULEMENT, ILS M'AVAIENT LAISSÉ SAGEMENT JOUER AVEC EUX...
CES MINABLES N'EN FINISSENT PAS DE CROIRE EN LEUR VICTOIRE !!
J'AI ÉTÉ TROP INDULGENT EN ME CONTENTANT DE LES TRANSFORMER EN FIGURINES ! JE DOIS ME RESSAISIR !!
KCHAC
LES JOUEURS DOIVENT MOURIR !! JE VAIS LES ENVOYER ERRER DANS LES TÉNÈBRES POUR L'ÉTERNITÉ !!
KTCHIC
KCHAC
UHM...
KCHAC
KTCHIC
KCHAC
VLAM
JE NE TE LAISSERAI PLUS ME DOMINER ! JE ME BATTRAI CONTRE TOI AUX CÔTÉS DE MES AMIS.
KCHIC
KCHAC
KCHAC
KTCHIC
!!
QUOI... ENCORE...?
MA MAIN BOUGE TOUTE SEULE !!

CE MESSAGE... IL VIENT DE CELUI QUI M'HÉBERGE... GRRR...
C'EST BAKURA RYÔ !
TOUT ÇA À CAUSE DU BRAS QUE J'AI PERDU.
EN DÉLIVRANT UNE PARTIE DE SON ÂME, IL ARRIVE À CONTRÔLER MON BRAS GAUCHE.
MAIS QUE PEUT-IL FAIRE AVEC MON SEUL BRAS GAUCHE ?
ZRUU
ZRUU
ZRUUU
ZRUUU
VOILÀ LA SOLU-TION...
JE N'AI QU'À ÉLOIGNER MON BRAS GAUCHE DE L'ORDINATEUR, IL NE POURRA RIEN FAIRE !
ZRUU
ZRUUU
HE HE HE ...
CET IMBÉCILE DE BAKURA A CHANGÉ D'EXPRESSION EN REGARDANT SON ÉCRAN...
QUE S'EST-IL PASSÉ ?
IL A DÛ LUI ARRIVER UNE CHOSE DÉSAGRÉABLE, C'EST CERTAIN !

IL SE PEUT QUE LA CLE DE NOTRE VICTOIRE SOIT DISSIMULÉE DANS CE QUI VIENT D'ARRIVER !!
JE REPRENDS LA PARTIE !
L'ATTAQUE DU GUERRIER A RÉUSSI !!
MAIS LES POINTS DE VIE DE ZORK N'ONT PAS TELLEMENT DIMINUÉ...
GROO GROO
MÊME AVEC UNE SÉRIE DE CRITICALS, ON NE RÉUSSIRA PAS À L'ABATTRE !
SON NIVEAU DE DÉFENSE EST TROP ÉLEVÉ !!
LA DIFFÉRENCE DE FORCES EST TROP INÉGALE !!
GROOOO
MAIS QUE FAIRE POUR SE DÉBARRASSER DE ZORK ?!
ZRUU ZRUU

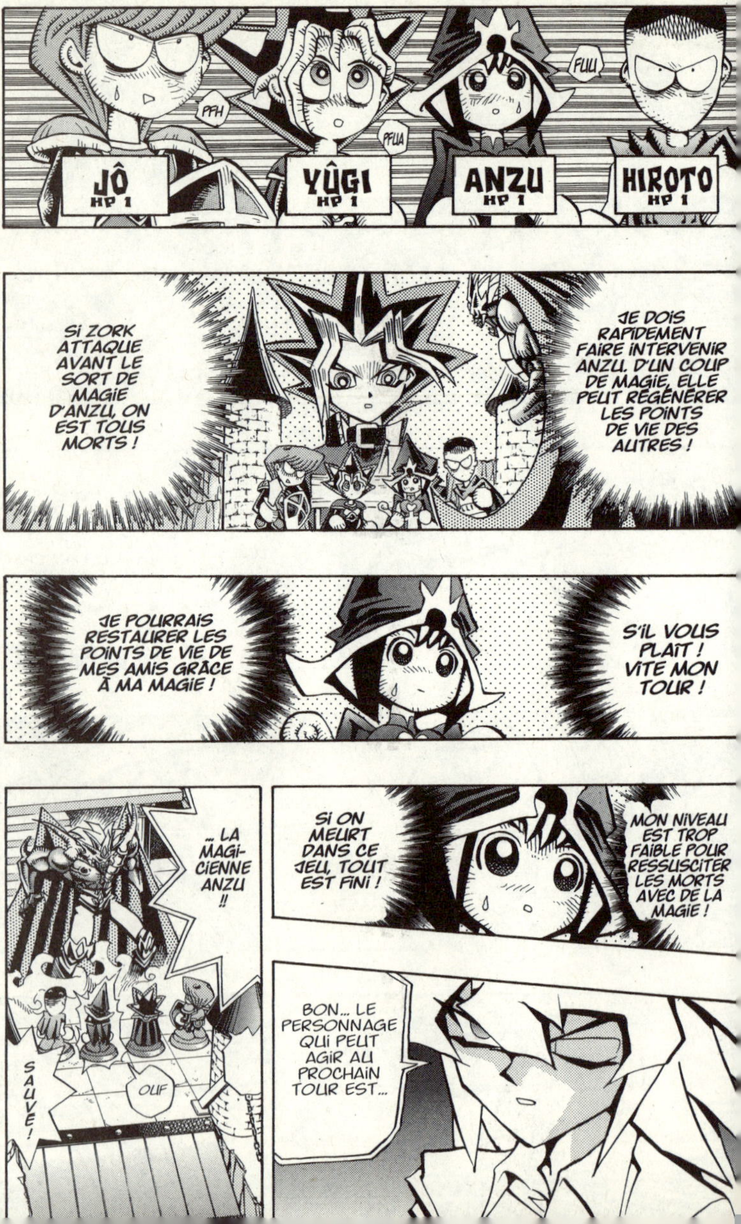
HIROTO
HP 1
FUU
ANZU
HP 1
PFUA
YÛGI
HP 1
PFH
JÔ
HP 1
JE DOIS RAPIDEMENT FAIRE INTERVENIR ANZU. D'UN COUP DE MAGIE, ELLE PEUT RÉGÉNÉRER LES POINTS DE VIE DES AUTRES !
SI ZORK ATTAQUE AVANT LE SORT DE MAGIE D'ANZU, ON EST TOUS MORTS !
S'IL VOUS PLAIT ! VITE MON TOUR !
JE POURRAIS RESTAURER LES POINTS DE VIE DE MES AMIS GRÂCE À MA MAGIE !
MON NIVEAU EST TROP FAIBLE POUR RESSUSCITER LES MORTS AVEC DE LA MAGIE !
SI ON MEURT DANS CE JEU, TOUT EST FINI !
BON... LE PERSONNAGE QUI PEUT AGIR AU PROCHAIN TOUR EST...
... LA MAGICIENNE ANZU !!
SAUVÉ !
OUF

MAIS ZORK EST EN MESURE D'AGIR EN MÊME TEMPS !
GA HA HA
COM-MENT ?!
DANS CE CAS, ON DOIT LANCER LES DÉS POUR SAVOIR QUI PREND L'INITIATIVE DE L'ATTAQUE !
YÛGI, TU N'Y VOIS PAS D'OBJEC-TION ?
ON LANCE LES DÉS À TOUR DE RÔLE ET CELUI QUI EST LE PLUS PROCHE DU 00 PEUT COMMENCER LE PREMIER !
YÛGI, SI TU GAGNES, GRÂCE À LA MAGIE D'ANZU, TU SAUVERAS TES AMIS !
DANS LE CAS CONTRAIRE, LA PARTIE SE TERMINE PAR MA VICTOIRE !
D'AC-CORD ?
ゴゴゴ
GROOO
GROOO
HE HE ...
ALLONS-Y !

STASH
LE LANCER DE DÉS DU DESTIN !!
VLAF
JE COMPTE SUR TOI !
ZDOOOO
ZDOOO
ZDOO ZDO
YUGI !

GROO GROO
AH HA HA... LA VICTOIRE EST POUR MOAAAA...
TOUT SIMPLEMENT PARCE QUE CE DE ENFERME L'ÂME D'UN ANCIEN JOUEUR DONT J'AI NETTOYÉ LE CERVEAU !!
EN LE LANÇANT, J'AI LA GARANTIE DE SORTIR UN SUPER CRITICAL !!
KLACS
TOUT REPOSE SUR CE LANCER DE DÉS !!
YUGI ! CROIS EN NOUS !!
PLOCS
KLAKS
DOM
HA HA HA ! JE VIENS DE SORTIR UN SUPER CRITICAL !!

ET CEUX DE YÛGI ...?
BLAM
09 !
!!
LES JEUX SONT FAITS ! YÛGI !
PRÉPARE-TOI À MOURIR ! C'EST À ZORK DE COMMENCER !
ZDOOO
HE HE ...
HEIN ...?
!
QU'EST-CE QU'IL Y A DE DRÔLE ?
BAKURA, UN PETIT PROBLÈME À L'OEIL ?
REGARDE BIEN TES DÉS !

QUOi ...?
10 !!
ZUM
PAS POS-SIBLE ...
JE VOIS PAS COMMENT...
HE HE... TU DiSAiS QUE LES DÉS NE MENTENT PAS ! PAS VRAi ?
RiRiRiiiiN
LA MAGiCiENNE COMMENCE EN PREMiER !
RUONA !!
KYUP
BiEN JOUÉ !!
NOUS VOiLÀ EN PLEiNE FORME !!!

MAIS . POURQUOI ? CES DÉS SONT ACQUIS À MA CAUSE ! MAIS ILS N'ONT PAS SORTI LE SUPER CRITICAL...
MAIS ?!
CE NE SONT PAS MES DÉS !!
ZUM
MAIS OÙ SONT-ILS PASSÉS...?!
GRRR...
GRIIISH
AUX FRONTIÈRES DE LA MORT, LA CHANCE VOUS A SOURI...
À CÔTE DE ZORK, VOUS N'ÊTES QUE DES MICROBES !
CES MISÉRABLES POINTS DE VIE QUE VOUS AVEZ RÉCUPÉRÉS NE VOUS SERVIRONT À RIEN APRÈS LA PROCHAINE ATTAQUE DE ZORK !!
TENEZ-VOUS PRÊTS !!!
GROO GROO GROO
FAITES TOUS ATTENTION !! ZORK VA ATTAQUER !
LA CONTRE-ATTAQUE DE ZORK !
POUR VOUS BALAYER TOUS, JE DOIS RESTER DANS LA LIMITE DE 80% !

JE VAIS...
VLA
!!
QUOI ?!
MA MAIN GAUCHE A ENVOYÉ LES DÉS SANS QUE JE LE DEMANDE !
MAIS... CE SONT...
... LES DÉS QUI ENFERMENT L'ÂME !!
JE NE ME LAISSERAI PLUS FAIRE PAR TOI !!
GRR...
NE PLUS M'OBÉIR ?!
MA MAIN GAUCHE AVAIT CACHÉ LES DÉS SANS QUE JE M'EN APERÇOIVE !
99
RATÉ !!!
DONM

UGYAAAAAAAA
DOCOOOOM
ZORK
HP 125
ZORK VIENT DE SE FAIRE EXPLOSER PAR SON LANCER DE DÉS RATÉ !
BIEN!!
NUOOOOOO
ZRUOOO
CETTE MAUDITE... MAIN GAUCHE !!
!!

SPLORTCH
HYAA HYA HA HA HA...
ÇA VA LA CALMER POUR UN MOMENT !
SATANÉ BAKURA RYÔ !
COMMENT ?
EST-CE POSSIBLE ?
IL A DIT... BAKURA RYÔ ?
ZRUU
HYA HA HA HA...
ZRUU
REGARDE ! LE VISAGE DE BAKURA !
IL FAIT UNE TÊTE EFFRAYANTE !!!

ET DIRE QUE C'EST BAKURA...
JE PEUX PAS CROIRE QUE C'EST VRAIMENT LUI.
CE N'EST PAS LUI, BAKURA !
J'SUIS D'ACCORD AVEC TOI !
NOUS, ON SE SOUVIENT DE LUI !
IL A UN REGARD VRAIMENT GENTIL !
LA DERNIÈRE FOIS...
... BAKURA ÉTAIT UN VÉRITABLE AMI POUR NOUS !!
KRUU KRUU... YUGI, LE DOMPTEUR !
C'EST À TOI DE JOUER !!!
MÊME SI NOS NIVEAUX SONT FAIBLES, IL NOUS RESTE UN ATOUT ! LA FORCE DE CROIRE EN NOTRE AMITIÉ !
OUAIS !

DOM
MASTER ! LE DOMPTEUR VA APPLIQUER LA MAGIE DE SA MAIN SUR ZORK !!
QUOI ?!
LE HAND POWER SERT À DOMPTER UN MONSTRE POUR EN FAIRE UN ALLIÉ !
ET TU CROIS QUE ÇA VA FONCTIONNER SUR ZORK ?!
NOUS, ON EST PERSUADÉS D'UNE CHOSE !
UN AMI À NOUS EST ENFERMÉ DANS ZORK !
DES GESTICULATIONS INUTILES...
CE MONDE NE PEUT PAS DISPARAÎTRE... ZORK NE PEUT DEVENIR VOTRE ALLIÉ !
GROO GROO
C'EST PARTI POUR LE LANCER DE DÉS !
VLAF

BAM
CRITICAL !
PLOP
ET VOICI L'APPARITION DE LA MAIN MAGIQUE !!!
GWA HA HA
À MOINS D'AVOIR UN HP DE 100 000 POINTS, VOUS NE ME...
GROO GROO GROO
ARG ! C'EST QUOI ÇA ?!!
!
EUH... QUOI ?!
REGARDEZ LE BRAS GAUCHE DE ZORK !
MAIS QU'EST-CE QU'IL SE PASSE ?!

ZRUU
ZRUU
ZRUU
ZRUU
UN PERSONNAGE SORT DU BRAS GAUCHE DE ZORK !!!
WOOOOOOO !!
ACCROCHE-TOI BIEN À LA MAIN MAGIQUE !
ZRUUUUU
HAH HAH
SPOM
GROO GROO
TU ES...
C'EST TOI, BAKURA ?

JE VOUS REMERCIE TOUS...
MERCI DE M'AVOIR DÉLIVRÉ...
JE SUIS LE MAGE BLANC BAKURA !
C'EST UN PERSONNAGE SPÉCIAL QU'A CRÉÉ BAKURA RYÔ POUR CE MONDE !
J'AIMERAIS POUVOIR ME JOINDRE À VOTRE ÉQUIPE !
BIEN SÛR !
OUAIS ! ON A RÉCUPÉRÉ UN AMI !
ON VA TOUS ABATTRE L'ABOMINABLE ZORK !
OUI !
LE MAGE BLANC BAKURA
NV 13
GROO
GROO
KRUU... KRUU...
UN MAGE CRÉÉ PAR CELUI QUI M'HÉBERGE ?!

MAINTENANT, C'EST AU TOUR DU MAGIC GUNMAN !
GWAAARPS
VLAF
LE LANCER DE DÉS POUR MAGIC GUNMAN !
15 !

DE-MENT !!!
C'ÉTAIT QUOI CE COUP ?! CETTE FOIS ÇA A L'AIR DE LUI FAIRE DE L'EFFET !
J'AI ÉTÉ CRÉÉ PAR L'AUTRE BAKURA, QUI EST ÉGALEMENT LE MAÎTRE DE JEU. IL INFLUENCE AUSSI MES ACTIONS.
JE ME DISAIS QUE JE POUVAIS ME RENDRE UTILE EN BAISSANT SON NIVEAU DE PROTECTION GRÂCE À MA MAGIE BLANCHE.
GRRR ....!
ZRUUU ZRUUUU

GLANKS
GWUAAAAAAAA !!!
ZORK HP 81
ZDOO ZDOO
EN PLEIN DANS LE MILLE !!
UN ENORME CRATÈRE DANS SON BIDE !!
LA MAGIE BLANCHE DU MAGE BLANC A LEVÉ UNE PARTIE DE LA PROTECTION DE ZORK !
!
VOILÀ UN PRÉCIEUX ALLIÉ POUR NOTRE ÉQUIPE !!
!!
VOUS M'AVEZ TOUS DÉLIVRÉ DU MALÉFIQUE ZORK.
MAIS CE N'EST RIEN DU TOUT !
CETTE FOIS, J'AIMERAIS LUTTER À VOS CÔTÉS !
Battle 58
UN ENNEMI POUR MILLE ANS 9

GRRR...
Battle 58
UN ENNEMI POUR MILLE ANS
9 : LE MAGE BLANC BAKURA

MERDE C'EST PAS POSSIBLE...
CELUI QUI M'HÉBERGE AURAIT CRÉÉ PAR SA PROPRE VOLONTÉ UN PERSONNAGE QUI LUTTE CONTRE MOI ?!
ZRUU
ZRUU
UNUOOOOOW
ZRUU
ZRRUU
IL PEUT NUIRE À LA PROTECTION ET AUX POINTS DE VIE DE ZORK !
ILS VEULENT ME POUSSER DANS MES DERNIERS RETRAN-CHEMENTS !!
JE VAIS LEUR APPRENDRE QU'AVEC LEUR NIVEAU DE DÉBUTANTS, ILS NE PEUVENT RIEN CONTRE UN GAME MASTER COMME MOI !
ON DIRAIT QUE NOUS VIVONS LES DERNIERS INSTANTS DE LA PARTIE !
SURTOUT NE PAS RELÂCHER NOTRE EFFORT... IL DOIT ENCORE NOUS RÉSERVER UNE SURPRISE QUI POURRAIT NOUS ÊTRE FATALE !!

MES AMIS, C'EST LE TOURNANT DE LA PARTIE. LE DERNIER DUEL ENTRE LUI ET MOI !!
WOOOOOW
!!
HE HE HE...
MAIS, C'EST ?!
ZRUU
ZRUU
GROKS
ZLUU
ZLUU
ZBROKS
BROKS
!!
IL SE MÉTAMORPHOSE À VUE D'OEIL !
MAUVAIS... IL VA POUSSER ZORK DANS SON ULTIME COMBAT !

ZDOODOOOM
GWAA HA HA HA HA !
LAST ZORK
C'EST QUOI ÇAAA ?!
C'EST LA FORME ULTIME DE ZORK !! SA DÉFENSE ET SON NIVEAU D'ATTAQUE SONT ENCORE PLUS ÉLEVÉS !!

CE TOUR-CI, C'EST À ZORK DE PRENDRE L'INITIA-TIVE !
ZRUU ZRUU
IL VA PASSER À L'ATTA-QUE.
IL VA METTRE TOUTE SA PUISSANCE SUR CE COUP !
GLOUPS...
EST-CE QU'ON VA SURVIVRE À CETTE ATTAQUE ?
FAITES TOUS BIEN ATTEN-TION !
URPS
NON... ILS N'AURONT PAS LE TEMPS DE RENFORCER LEURS DÉFENSES !
LE LANCER DE DÉS !!
KLOKS
KLACS
BLAM
!!

UN SUPER CRITI-CAL !!!
GROO
ゴゴ
GROO
GROO
ゴゴ
GROO
GROO
ZGROOO
LE ZORK INFERNO !!!
GROOOO
!!

LA MAGIE BLANCHE ! LE SHINING SHIELD NV13 !!
MES AMIS !
ZDOOO
DOOO
URRRGL...
UWAAAAA !
WAAAAA !!
GROOO
UWOOOOO

LE MAGE BLANC BAKURA !! EST-CE QUE TA MAGIE VA RÉUSSIR À CONTENIR L'ATTAQUE DE ZORK ?
UWOOOOOO
IL FAUT QUE VOUS SURMONTIEZ CETTE ATTAQUE !
JE... JE VAIS ÉPUISER MON ÉNERGIE MAGIQUE...
JE VAIS CONVERTIR MES POINTS DE VIE EN MAGIE !!
GROO
GROOO
URKS...
MES AMIS !!
!
GROOOOOOO

OOOOO
L'ATTAQUE DE ZORK EST TERMINÉE...
VOUS ÊTES EN VIE ?!
HIROTO HP1
ANZU HP3
YÛGI HP2
JÔ HP1
ON A SUBI PAS MAL DE DÉGÂTS...
!
BA-KU-RA !
IL S'EST SACRIFIÉ POUR NOUS PROTÉGER !!!
BAKURA, TIENS BON ! AU PROCHAIN TOUR, JE POURRAI UTILISER UN SORT POUR RÉGÉNÉRER TES POINTS DE VIE...!
...
URH...
...
ÇA... ÇA VA ALLER...
ANZU, S'IL TE RESTE SUFFISAMMENT D'ÉNERGIE POUR UTILISER CETTE MAGIE...
JE PRÉFÉRERAIS QUE TU LA RÉSERVES POUR LA PROCHAINE ATTAQUE !
BAKURA HP1
JE N'AI PLUS ASSEZ D'ÉNERGIE POUR VOUS PROTÉGER UNE SECONDE FOIS...
SI ON N'EN FINIT PAS AU TOUR PROCHAIN...
... ON VA TOUS MOURIR !
BAKURA !
OK, ON A COMPRIS !
ON TE LAISSERA PAS MOURIR SEUL !
ON DOIT CONTRE-ATTAQUER !!

ILS ONT SURMONTÉ LE ZORK INFERNO...!
APRÈS UNE TELLE ATTAQUE, LAST ZORK DÉVOILE SES FAIBLESSES !!
C'EST DE MAUVAIS AUGURE...
ZORK S'EST MÉTAMORPHOSÉ SOUS SON ASPECT LE PLUS ULTIME. SI SON NIVEAU D'ATTAQUE ET DE PROTECTION EST OPTIMAL... POURQUOI NE PAS L'AVOIR FAIT DÈS LE DÉBUT ?
!
TOUT SIMPLEMENT PARCE QU'IL ENTRE DANS SON ULTIME COMBAT !
D'UNE CERTAINE MANIÈRE, ON L'A POUSSÉ DANS SES DERNIERS RETRANCHEMENTS !
SON NIVEAU DE PUISSANCE A AUGMENTÉ EN ATTAQUE ET EN PROTECTION, MAIS EN CONTREPARTIE, IL DÉVOILE SON POINT FAIBLE !!
LE POINT FAIBLE !!!
OUI, REGARDE ÇA !
BLAM
!

SON POINT FAIBLE EST L'OEIL QU'ON VOIT AU FOND !
C'EST DE CE TROU QU'IL SORT SA MAGIE !!
BLAM
DONG
EH ! LE TROU EST EN TRAIN DE SE REFERMER !
JE VAIS GAGNER CETTE PARTIE !
HE HE... TROP TARD ! QUAND VOUS AVEZ TROUVÉ SON POINT FAIBLE, J'AI CRAINT LE PIRE... MAINTENANT QU'IL S'EST REFERMÉ, IL NE REDOUTE PLUS VOS ATTAQUES !
UHM ?
GROO
GROO
POKYI !!
GROO
IL VA SE REFERMER AVANT NOTRE ATTA-QUE !
NON ! C'EST TROP TARD !

POKY!!!
SPOM
QUOI ?!
CETTE SALETÉ DE MONSTRE VIENT DE BOUCHER L'OUVERTURE !
POKYiii!
ZDOOOO
POKY!! POKY!! (Allez ! c'est le moment ou jamais de le faire exploser avec moi !)
ZRUU
ZRUU
POKYiii!
Mes amis... Je vous remercie de m'avoir accepté dans votre équipe...
ZRUU
L'aventure était courte, mais le moment est venu de se séparer !
ZRUU
POKY!! ! (Il faut faire vite !)

POKYI... ON TE REMERCIE...
MAIS NOUS...
... ON N'A PAS POUR HABITUDE DE SACRIFIER CEUX QUI SE SONT BATTUS À NOS CÔTÉS !
IL N'Y A AUCUNE RAISON DE SACRIFIER UN DES NÔTRES POUR VAINCRE LE MAL !
!
GRIP

Il est impossible de me sauver... Je suis coincé...
EN AVANT POUR L'ATTAQUE DU DOMPTEUR !!!
LE LANCER DE DÉS !!
VLAN
KLAP
KLOP
POKYii !!
TU PEUX COMPTER SUR NOUS, ON TE TIRERA DE LÀ !
BLAM
UN CRITICAL !!!
ZBOM

LA MAIN MAGIQUE ! LE JET STREAM PUNCH !!
ZBOOOM

UGYAAAAAA
ZBOOOOM
POKYII !
PLIP
GWOOOOO
OUAIS ! EN PLEIN DANS LE MILLE !
ZDOOO
GWUOOOOO
PIKS
PIKS
AÏE... AÏE...
SATANE YUGI... GRR...

L'ATTAQUE DU GUERRIER !!!
LANCER DE DÉS !!
VLAF
LE COUP DE GRÂCE !!!
01 !
UN CRITICAL !
LE COUP D'ÉPÉE FOU-DROYANT !!!

SPLAF
OUAIS ! ZORK EST À TERRE !!
NON... PAS ENCORE !!!

ZU
BAAA

ZRUU ZRUU ZRUUU
ZORK N'EST PAS ENCORE MORT !!!
KURPS !
Kruu Kruu...
iLS N'ONT PAS ENCORE TOUT VU, J'Ai TOUJOURS DES RÉSERVES !
HÉ HÉ HÉ, VOUS ALLEZ REGRETTER DE NE PAS AVOIR ACHEVÉ ZORK AU TOUR PRÉCÉDENT !
!
AU PROCHAIN TOUR, LES DEUX ADVERSAIRES ONT LA POSSIBILITÉ D'ATTAQUER EN MÊME TEMPS !!

GROOO
YûGI ! VOILÀ LE LANCER DE DÉS FINAL !
ON LANCE LES DÉS EN MÊME TEMPS ET CELUI QUI GAGNE PEUT ENGAGER L'ATTAQUE !!
SI JE GAGNE, JE FERAI S'AUTODÉTRUIRE ZORK EN ENTRAÎNANT CES MAUDITS AVENTURIERS !!
ZRUU
ZRUU
EN VOUS ÉLIMINANT TOUS, JE REMPORTE CETTE PARTIE !
JE RELÈVE TON DÉFI !
JE MISE NOS VIES SUR CE LANCER !!!
VLAF
TOUS MES ESPOIRS SONT EN CES DÉS.
GUIP
JE VAIS GAGNER !!!

WOOOOO
ZLUUU
ZLUUU
ZLUUU
ZORK EST ENCORE VIVANT !
MÊME AFFAIBLI, IL CONSERVE SES CAPACITÉS D'ATTAQUE !
FAITES TOUS ATTEN-TION !
LE THÉÂTRE DE VOS PROCHAINES AVENTURES SERA...
KRU KRUU... JE DOIS USER DE MON DERNIER ATOUT !
JE FAIS EXPLOSER ZORK ET VOUS AVEC !!
...L'EN-FER !!
WA HA HA HA HA !!!
Battle 59
UN ENNEMI POUR MILLE ANS 10

Battle 59
UN ENNEMI POUR MILLE ANS
10 : LE MIRACULEUX LANCER DE DÉS

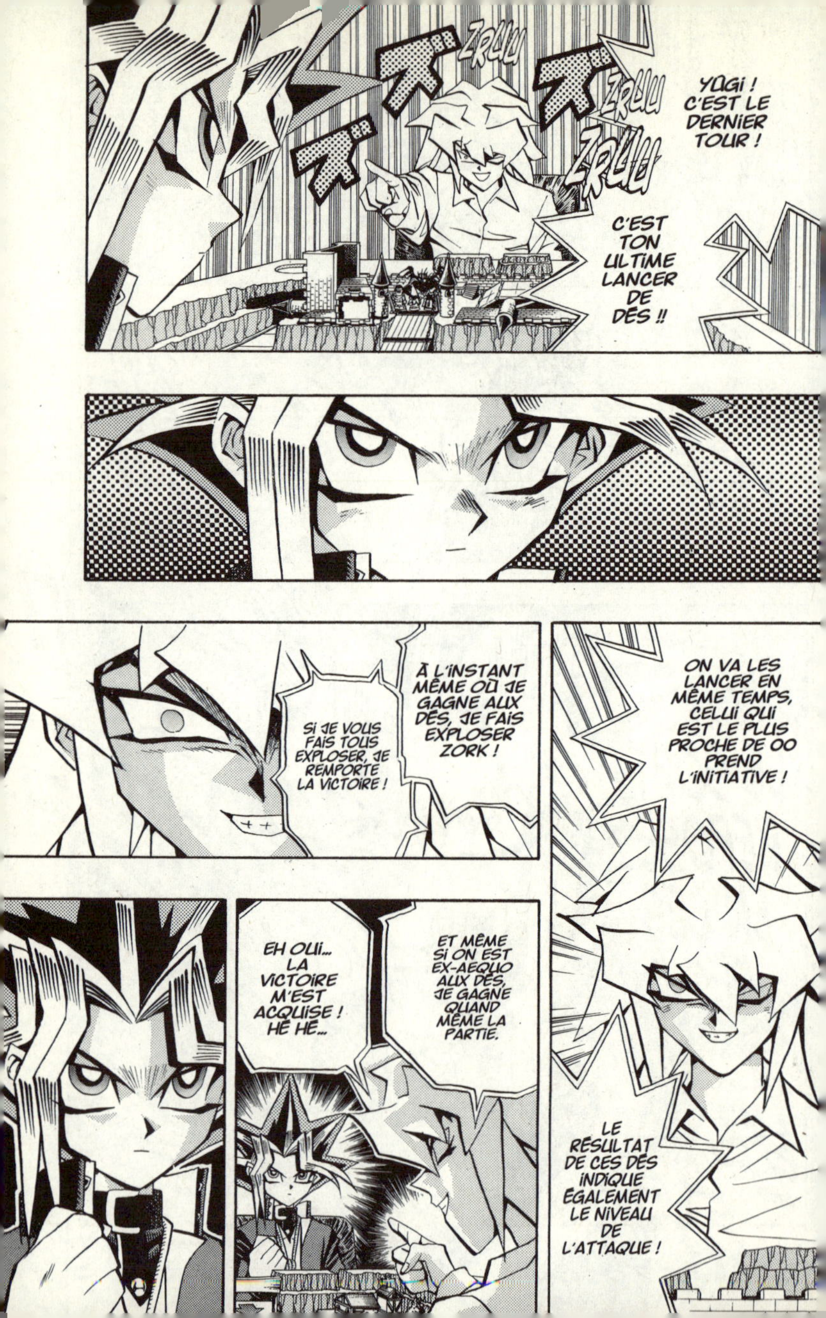
ZRUUU
ZRUUU
ZRUUU
YûGI ! C'EST LE DERNIER TOUR !
C'EST TON ULTIME LANCER DE DÉS !!
ON VA LES LANCER EN MÊME TEMPS, CELUI QUI EST LE PLUS PROCHE DE 00 PREND L'INITIATIVE !
LE RÉSULTAT DE CES DÉS INDIQUE ÉGALEMENT LE NIVEAU DE L'ATTAQUE !
À L'INSTANT MÊME OÙ JE GAGNE AUX DÉS, JE FAIS EXPLOSER ZORK !
SI JE VOUS FAIS TOUS EXPLOSER, JE REMPORTE LA VICTOIRE !
ET MÊME SI ON EST EX-AEQUO AUX DÉS, JE GAGNE QUAND MÊME LA PARTIE.
EH OUI... LA VICTOIRE M'EST ACQUISE ! HÉ HÉ...

YUGI, TOUTES NOS PENSÉES SONT AVEC TOI, TU DOIS COMPTER SUR NOUS !
TU AS LES DÉS ET NOS DESTINS EN MAIN !
OUI ! VOUS ÊTES AVEC MOI !
GYULUUP !!
JE TIENS VOTRE CONFIANCE ENTRE MES MAINS, COMPTEZ SUR MOI !
GROOOOO
LE SORT REPOSE EN CES DÉS !!
OOO

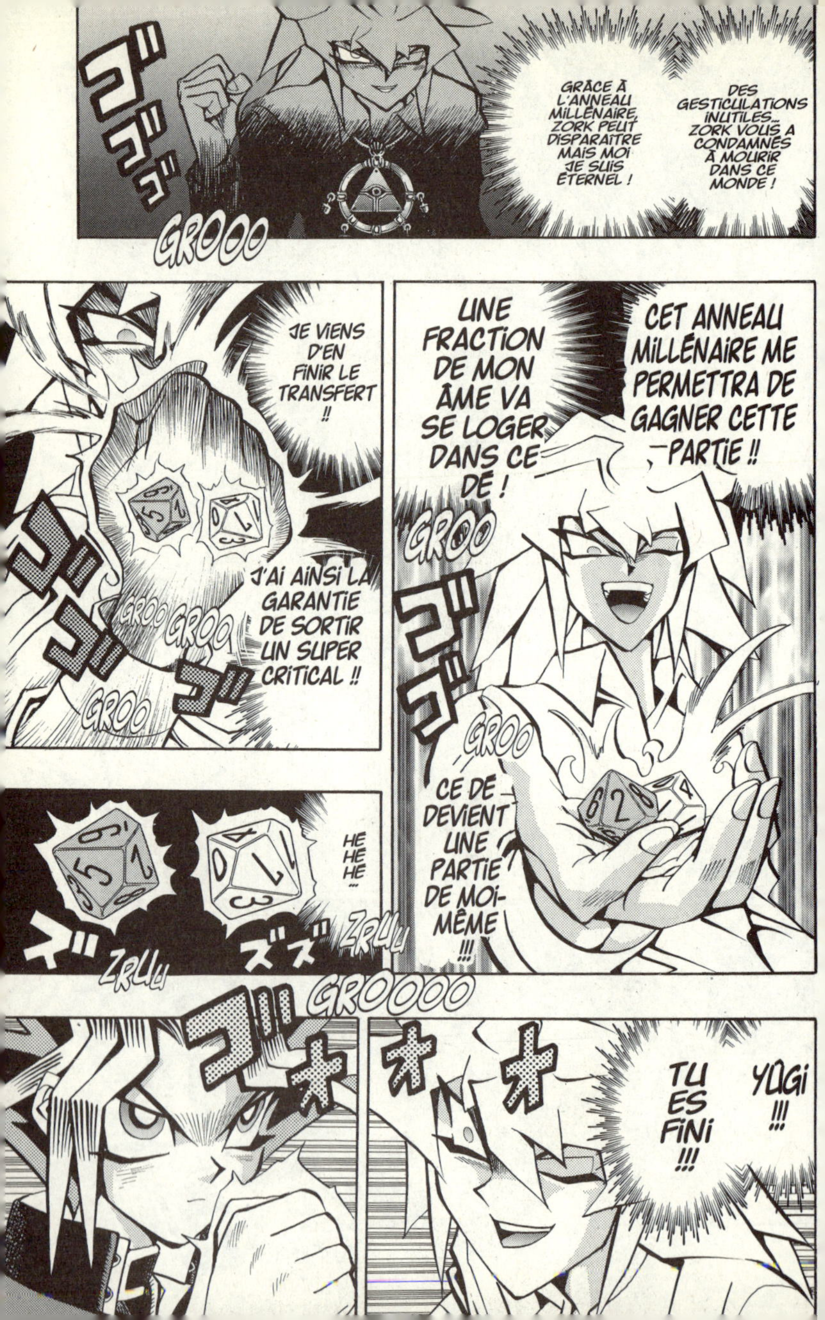
DES GESTICULATIONS INUTILES... ZORK VOUS A CONDAMNÉS À MOURIR DANS CE MONDE !
GRÂCE À L'ANNEAU MILLÉNAIRE, ZORK PEUT DISPARAÎTRE MAIS MOI JE SUIS ÉTERNEL !
GROOO
CET ANNEAU MILLÉNAIRE ME PERMETTRA DE GAGNER CETTE PARTIE !!
UNE FRACTION DE MON ÂME VA SE LOGER DANS CE DÉ !
GROO
GROO
CE DÉ DEVIENT UNE PARTIE DE MOI-MÊME !!!
JE VIENS D'EN FINIR LE TRANSFERT !!
J'AI AINSI LA GARANTIE DE SORTIR UN SUPER CRITICAL !!
GROO GROO
GROO
HE HE HE...
ZRUU
ZRUU
GROOOO
YÛGI !!!
TU ES FINI !!!

ON Y VA !
VLAF
C'EST PARTI POUR LE LANCER DE LA DESTINÉE !!!
GROOO
YÛGI !
GROO
GROOO
GROOO

ZDOOO
ドドド
ドド
ZDOOO

OÙ SONT LES DÉS DE YÛGI ?!
LES DÉS...
RÉPONDEZ-MOI !!!
KLOPS
KLAKS
RÉPONDS À NOS ÂMES !
BLAM

BIEN JOUÉ !
YÛGI A SORTI UN SUPER CRITICAL !!!
JE SAVAIS QU'IL EN SERAIT CAPABLE !
SI LE GAME MASTER NE FAIT PAS UN SUPER CRITICAL, C'EST GAGNÉ !
HE HE HE... YÛGI NE S'EST PAS DÉMONTÉ, IL A SORTI UN SUPER CRITICAL. JE DOIS LUI RECONNAÎTRE UN CERTAIN TALENT !
MAIS TOUS CES EFFORTS POUR RIEN... ILS N'ONT AUCUNE CHANCE DE GAGNER !!
CES DÉS SONT UNE PARTIE DE MOI-MÊME, JE SUIS SÛR DE SORTIR LE SUPER CRITICAL !
SI ON EST À ÉGALITÉ, JE GAGNE !
VOS DESTINS SERONT SCELLÉS À L'INSTANT MÊME OÙ RETOMBERONT CES DÉS !
KLAPS
!!

DONG
URKS ...!
UN SUPER CRITICAL !!!

!!
HA HA HA HA HA !!!
VOILÀ UNE SITUATION BIEN CRUELLE !
VOUS Y AVEZ CRU L'ESPACE D'UN INSTANT ! MAIS LA RÉALITÉ EST RUDE !
HA HA ! ÇA, C'EST UN JEU MARRANT !
...
HEIN ?!
!!
QUOI ...?
GROO
GROO
UHM ...?
ET AINSI, JE VAIS FAIRE EXPLOSER ZORK ET...
HE HE... MOI AUSSI, J'AI SORTI UN SUPER CRITICAL !

PIKS
PIKS
LES DÉS SE FISSURENT...
!!
GROO
GROO
MAIS... TU ES...!
GROO
GROO
BAKURA RYÔ !!
GROO
GROO
GROO
JE NE VEUX PAS CONTINUER À PERDRE DES AMIS !!
MÊME SI JE DOIS Y PERDRE MON ÂME !
PIKS
PIKS
IL A MIS SON ÂME DANS LES DÉS ?!
IL A PROFITÉ DU MOMENT OÙ J'AI FAIT LE TRANSFERT POUR ENTRER DANS LES DÉS !?
MAIS UNE FOIS ENTRÉ DANS LES DÉS, ON NE PEUT PLUS EN SORTIR !
IL VIENT DONC DE SE SACRIFIER !!
PAS POSSIBLE ! IL A SACRIFIÉ SA VIE POUR ENTRER DANS LES DÉS...

YûGi... MES AMIS...
JE VOUS REMERCIE D'AVOIR CRU EN MOi...
!
BAKURA !
PiKS
HE
PiKS
ZBAAAAAM
BAKURA !
!!

BAKURA...!!
GRRR...
ZDOO
ZDOO
MES DÉS ONT EXPLOSÉ !!!
ZRUU
ZRUU
BAKURA... J'AI BIEN SAISI TA DERNIÈRE VOLONTÉ !
KAASH
MASTER ! TES DÉS ONT DISPARU !
C'EST NOUS QUI PRENONS L'INITIATIVE !!!

TIENS-TOI PRÊT !
!!
ゴオオオオオ
L'ATTAQUE MAGIQUE D'ANZU !!
GROOOOOO
EN AVANT !!!
NOUS SOMMES UNIS DANS LA COLÈRE !

GRAAAAM
FiNAL
BiG BANG
!!!

ZUU
UWAAAAAAA
ON L'A FAIT ! ZORK EST MORT !

GLANK
PTCHUUU
GSHIIIN
DASH
BAKURA!
YUGI ! ET BAKURA ?
...
!
C'EST FINI... IL EST MORT...
BAKURA S'EST SACRIFIE POUR NOUS...

NON...
L'ÂME DE BAKURA EST TOUJOURS EN VIE...
...
!!
ELLE DEMEUR EN MOI..
QUOI ...?!
LE MAÎTRE M'A CRÉÉ EN CE MONDE ET M'A FAIT ÉVOLUER EN VIVANT DIFFÉRENTES AVENTURES.
C'EST CE QUI M'A PERMIS DE DEVENIR LE MAGE BLANC ET D'ATTEINDRE UN NIVEAU 13.
C'EST À MOI MAINTENANT DE RENDRE SERVICE À MON MAÎTRE.
?!
BAKURA...
LE MAGE A UN NIVEAU 13, ÇA DEVRAIT ME PERMETTRE DE LUI RENDRE SON ÂME...
MAIS MOI, JE N'EXISTE QU'EN CE MONDE... JE NE PEUX PAS LANCER LES DÉS, SANS UNE AIDE EXTÉRIEURE...
YÛGI, J'AIMERAIS QUE TU LANCES CES DÉS POUR DÉCIDER DU NIVEAU QU'AURA LE SORT DE MAGIE QUE JE VAIS UTILISER !
D'ACCORD !
RASSURE-TOI, JE VAIS SORTIR UN CRITICAL !

LA PROCHAINE FOIS QU'ON SE VERRA DANS CE MONDE, JE NE SERAI PLUS QU'UN MAGE INEXPÉRIMENTÉ DE NIVEAU 1...
BAKURA !
AU REVOIR... MES AMIS...
VLAF
C'EST PARTI POUR LE LANCER DE DÉS !
ON SAIT TOUS QUE JE VAIS SORTIR UN CRITICAL !
LES DÉS RÉPONDENT À CEUX QUI CROIENT EN EUX.
NOUS NE FAISONS QU'UN !
LA MAGIE RÉPARATRICE !

...!
URH...
YUGI...
BAKURA!
BAKURA...
ET NOUS, NOUS AVONS RÉINTÉGRÉ NOS CORPS.
CES FIGURINES IMMOBILES DANS LESQUELLES NOUS ÉTIONS ENFERMÉS DONNAIENT LE SENTIMENT D'UNE GRANDE SÉRÉNITÉ...
DU MOINS, C'EST L'IMPRESSION QUE J'AVAIS...

QUELQUES JOURS PLUS TARD, LES AMIS DE BAKURA QUI ÉTAIENT HOSPITALISÉS SONT SORTIS DU COMA DANS LEQUEL ILS ÉTAIENT PLONGÉS.
MAIS AUSSI LE PROF DE GYM KARITA...
ALORS ?!
JE NE TOLÉRERAI AUCUN RETARD !
ZDO
ZDO
ZDO
ÇA CRAINT !
CET ENFOIRÉ DE KARITA EST VRAIMENT INGRAT, IL A OUBLIÉ QU'ON L'A SORTI D'UN MAUVAIS PAS !
IL ÉTAIT DANS LE VILLAGE D !
1 — B
SALUT YÛGI ! ÇA VA TOUT LE MONDE ?!
SALUT BAKURA !
ÇA Y EST ! ON T'A ENLEVÉ LE BANDAGE DU BRAS GAUCHE !
OUI.
AU FAIT, J'AI UNE CHOSE QUE J'AIMERAIS VOUS MONTRER !
UNE CHOSE À NOUS MONTRER ...?!
QU'EST-CE QUE ÇA PEUT ÊTRE ?

VOiLÀ!!
WAAAAH
UNE MAQUETTE EN COMMEMORATION DE NOTRE BATAiLLE !
UNE PREUVE DE CE QUi NOUS A UNiS PENDANT LE COMBAT !
UN JOUR... ON REPARTIRA À L'AVENTURE !
AU PAYS DE MONSTER WORLD !
Monster World★

ZORK

Battle 60 LE DÉFI !!!

MAGIC AND WISARDS !!!
VLAN
LE GUERRIER DE LA MONTAGNE
UN JEU DE CARTES OÙ ON S'AFFRONTE EN ÉCHANGEANT DES MONSTRES ET EN UTILISANT DES SORTS DE MAGIE !!
À LA RÉCRÉ, C'EST L'HEURE DES GRANDS DÉFIS !
HA HA, ANZU ! T'AS VU ÇA ?!
L'ATTAQUE DE MON HOMME DE PIERRE !
T'AS VU COMME IL EST BALAISE ?
LE MAGE DES CAVERNES ORGA ROCK
Attaque 800 Défense 1200
ANZU ! TIENS BON !
DANS CE CAS, JE VAIS...
... UTILISER UNE CARTE DE MAGIE, "LE SOUFFLE DE DIEU" !
FIUUUU
ビュー
ORGA, SOUS LE SOUFFLE DU VENT DIVIN, DEVIENT POUSSIÈRE ET RETOURNE À LA TERRE !
ET JE GAGNE LA PARTIE !

MAIS MER...!! C'EST ENCORE MOI QUI PERDS LA PARTIE !!
VLOF
Les points de vie de JÔNO-UCHI 0 pt
JÔNO-UCHI, TU ES TROP MAUVAIS !
YÛUUUGI ! MAIS POURQUOiiiii ?
POURQUOI JE GAGNE JAMAIS ?!
AGRIP
MONTRE-MOI TON JEU DE CARTES !
VOILÀ !
DONG
OUARPS, C'EST QUOI CE JEU ?!
LES 40 CARTES NE SONT QUE DES CARTES DE MONSTRES GUERRIERS !!!
HE HE !!!
J'AI MIS DANS MON JEU TOUS LES MONSTRES QUI ME PARAISSAIENT BALAISES !
MAIS NON, C'EST PAS COMME CA QU'IL FAUT FAIRE !
POUR ABORDER CE JEU, IL FAUT ÉLABORER UNE STRATÉGIE QUI COMBINE LES CARTES DE MAGIE ET CELLES DES MONSTRES.
SI TU NE COMPTES QUE SUR LA SEULE FORCE DU MONSTRE, TU TE FAIS BALAYER DE LA PARTIE EN UN COUP DE MAGIE !
BOUDE

... À PARTIR DE 17H, LA TÉLÉ DIFFUSE EN DIRECT LA FINALE DU CHAMPIONNAT DE MAGIC AND WIZARDS !
ON VA MATER ÇA ENSEMBLE !!!
AH OUAIS ?!
ET EN PLUS ...
VIENS CHEZ MOI CE SOIR !
OUI, SI TU VEUX !
JE VEUX QUE TU M'AIDES À M'ENTRAÎNER POUR MAGIC AND WISARDS !!!
OK, YÛGI !!!
BLAM
HO HO
FERMÉ
KLANK
PAPY ! J'SUIS DE RETOUR !!!
BONJOUR !
AH, TE REVOILÀ !
TES AMIS SONT AUSSI AVEC TOI !
MAIS ? LA BOUTIQUE EST DÉJÀ FERMÉE ?
HO HO ! MAIS BIEN SÛR !
ON DIFFUSE LA FINALE DE MAGIC AND WIZARDS ! LES AFFAIRES PEUVENT ATTENDRE !

DIS-MOI, YÛGI...
IL Y A UN COLIS POUR TOI !
UN COLIS ...?!
ÇA VIENT D'OÙ ?
C'EST CURIEUX, MAIS IL N'Y A PAS DE NOM D'EXPÉDITEUR...
...
QU'EST-CE QU'IL PEUT BIEN CONTENIR ?
ÇA NE VA PAS TARDER À COMMENCER !
J'SUIS TOUT EXCITÉ !
BAH OUI ! IL EST TOUT DE MÊME QUESTION DE LA FINALE JAPONAISE !
HO HO
DIS-MOI, POURQUOI TU N'AS PAS PARTICIPÉ AU TOURNOI ?
TU AURAIS PU ALLER EN FINALE !
HUMM...
J'AI PRIS UNE DÉCISION...
JE NE PARTICIPERAI AU CHAMPIONNAT QU'EN LA PRÉSENCE D'UNE "CERTAINE PERSONNE"...
...

TU PARLES DE KAIBA...?
OUI !
OUI, UN AFFRONTEMENT À LA RÉGULIÈRE !
C'EST MON RÊVE !
MAIS KAIBA EST ENCORE ...
JE SAIS, IL EST TOUJOURS DANS LE COMA...
JE SUIS ALLÉ À L'HÔPITAL AUJOURD'HUI... IL EST ENCORE...
EN CE QUI ME CONCERNE...
... MÊME SI CE MEC DEVAIT REVENIR...
... JE NE LUI FERAIS ABSOLUMENT PAS CONFIANCE !!
PAS QUESTION !
EH !! ÇA VA COMMENCER !
UWAAA
MAGIC and WIZARDS

ZDOOOOOOO
POUR LES DIX MILLIONS DE FANS DE CE PAYS !
NOUS ALLONS ASSISTER À LA FINALE DU TOURNOI DE MAGIC AND WIZARDS !
SUR LES 200 QUALIFIÉS DES LIGUES RÉGIONALES, LEQUEL DES DEUX FINALISTES VA RÉUSSIR À SE HISSER AU SOMMET DE CE TOURNOI ?
ET VOICI L'ENTRÉE DE NOS DEUX FINALISTES !!!
VICTO
SHUU
ズズズ
ZRUU
ZDODODOM
ドドド
ZRUU
ZUMF
LE REPRÉSENTANT DE LA RÉGION EST ! "INSECTOR", LE CHALLENGER HAGA, 14 ANS !
DONG
ET LE REPRÉSENTANT DE L'OUEST ! "DYNAUSOR", SON ADVERSAIRE RYUZAKI, 15 ANS !

ZDOOOO
ET VOICI LE MOMENT DE L'AFFRONTEMENT FINAL !
CETTE MACHINE EST LA VIRTUAL SIMULATION BOX DÉVELOPPÉE PAR LA KAIBA CORPORATION EN COLLABORATION AVEC LA SOCIÉTÉ INDUSTRIAL ILLUSION !
WOOOOOO
ET VOICI NOS DEUX JOUEURS QUI PRENNENT PLACE DANS LA MACHINE !!
JE SENS QUE TA CARTE EST EN TRAIN DE TREMBLER !
PFFH ! MA DYNAUSOR CARD VA T'ÉCRASER !
LE DUEL !
SPLAF
SRAP

YUGI !
QUI VA L'EMPORTER ?!
???
WAAAAA
INSECTOR VA SORTIR SON COUP FAVORI, L'INSECT COMBO !
UNE COMBINAISON D'INSECT CARD AVEC UNE CARTE DE PROTECTION !
UN INSECTE CONTRE UN DINOSAURE, LES JEUX SONT FAITS D'AVANCE !
POUR MOI, C'EST RYUZAKI LE GAGNANT !!!
DE SON CÔTÉ, DYNAUSOR RYUZAKI VA UTILISER LA PUISSANCE DU MEGATON POWER DE SA CARTE DINOSAURE POUR ÉCRASER SON ADVERSAIRE.
JE N'EN SUIS PAS SI SÛR...
RE-GARDE !!
ZDOM
DYNAUSOR A SORTI SA CARTE LA PLUS RARE DE LA FAMILLE DES DINOSAURES ! LE KING REX BICÉPHALE !!
QUE DIS-TU DE ÇA ?!
...

POUR SE DÉFENDRE, INSECTOR VA CHOISIR…
GROOO
… LA CARTE DE L'HOMME INSECTE !!
INSECT MAN
Attaque 500
Défense 700
ELLE A PAS L'AIR TERRIBLE SA CARTE !
C'EST GAGNE POUR RYUZAKI !
NON ! INSECTOR EST EN TRAIN DE TENDRE UN PIÈGE !
L'ATTAQUE DE KING REX !!
GRAOOW
CRÈVE !
WA HA HA !!!
HEIN ?!
TU AS BIEN DIT "ATTAQUE" ?
LA CARTE DE MAGIE QUE J'AI SOUS LA MAIN S'ACTIVE QUAND ON DIT LE MOT "ATTAQUE" !!
QUOI ?!
UNE CARTE PIÈGE !!
L'ENFER DES FOURMIS, LA CARTE "MESAIA" !
KING REX EST ASPIRE PAR LE TOURBILLON ET SE TROUVE IMMOBILISE !
ZRUU
ZRUU
La carte s'active
lorsque l'adversaire

ZGRAOOOO
GYOOOORPS
AH ! MON KING REX !!
MAIN-TENANT, À MON TOUR !
GRÂCE À CETTE CARTE ET SON ARMURE, J'AUGMENTE MON NIVEAU DE 5 POINTS !!
ARMURE AVEC ARME A FEU. ★★★★★
GRAASH
ZDOOOOOM
ATTAQUE!!
LE KING REX EST PULVÉRISÉ !!
EUH... J'AI PERDU...!

LE JOUEUR HAGA VIENT À L'INSTANT DE REMPORTER LE TOURNOI !
WAAAAA
CETTE FACE D'INSECTE VIENT DE GAGNER !
NOUS ALLONS LUI REMETTRE LE TROPHÉE ET LA PRIME DU VAINQUEUR !
DJING
ET VOICI, EN PERSONNE...
... LE PRÉSIDENT D'HONNEUR DE LA SOCIÉTÉ INDUSTRIAL ILLUSION.
LE GÉNIAL CONCEPTEUR DE MAGIC AND WIZARDS !
WAAAW
WAAAW
PEGASUS JR. CRAWFORD !!

TOUTES MES FÉLICITATIONS !
EUH... THANK YOU !
JE T'INVITE SANS CONDITION AU PROCHAIN ÉVÉNEMENT QUE VA ORGANISER MA SOCIÉTÉ DANS PEU DE TEMPS !
OUI...
LE PUBLIC EST EN EFFERVESCENCE ET C'EST AINSI QUE PREND FIN NOTRE DIFFUSION EN DIRECT DE LA FINALE DU CHAMPIONNAT DE MAGIC AND WIZARDS !
WAAAAW
Panazonic
FINALEMENT, C'EST INSECTOR HAGA QUI A GAGNÉ... UN RÉSULTAT, MA FOI, CONVENABLE, HO HO.
C'ÉTAIT UN BEAU DUEL !
ÇA M'A MOTIVÉ DE VOIR CE DUEL À LA TÉLÉ !
JE COMPRENDS CE QUE TU VOULAIS DIRE. LA FORCE NE SUFFIT PAS, IL FAUT COMBINER LES CARTES POUR GAGNER !
ET MAINTENANT, YUGI ! J'SUIS PRÊT POUR L'ENTRAÎNEMENT !
GROOOOOO
OUAIS !

YÛGI, AVANT DE COMMENCER...
CE COLIS M'INTRIGUE BEAUCOUP...
AH...
J'AVAIS OUBLIÉ...
ON VA D'ABORD OUVRIR LE COLIS !
QU'EST-CE QUE ÇA PEUT ÊTRE ?
UHM...?
!!
BLAM
C'EST QUOI CE TRUC ?!
UN CURIEUX GANT ET DES ÉTOILES ?!?!
UNE VIDÉO 8 MM...
MAIS... C'EST QUOI AU JUSTE ?

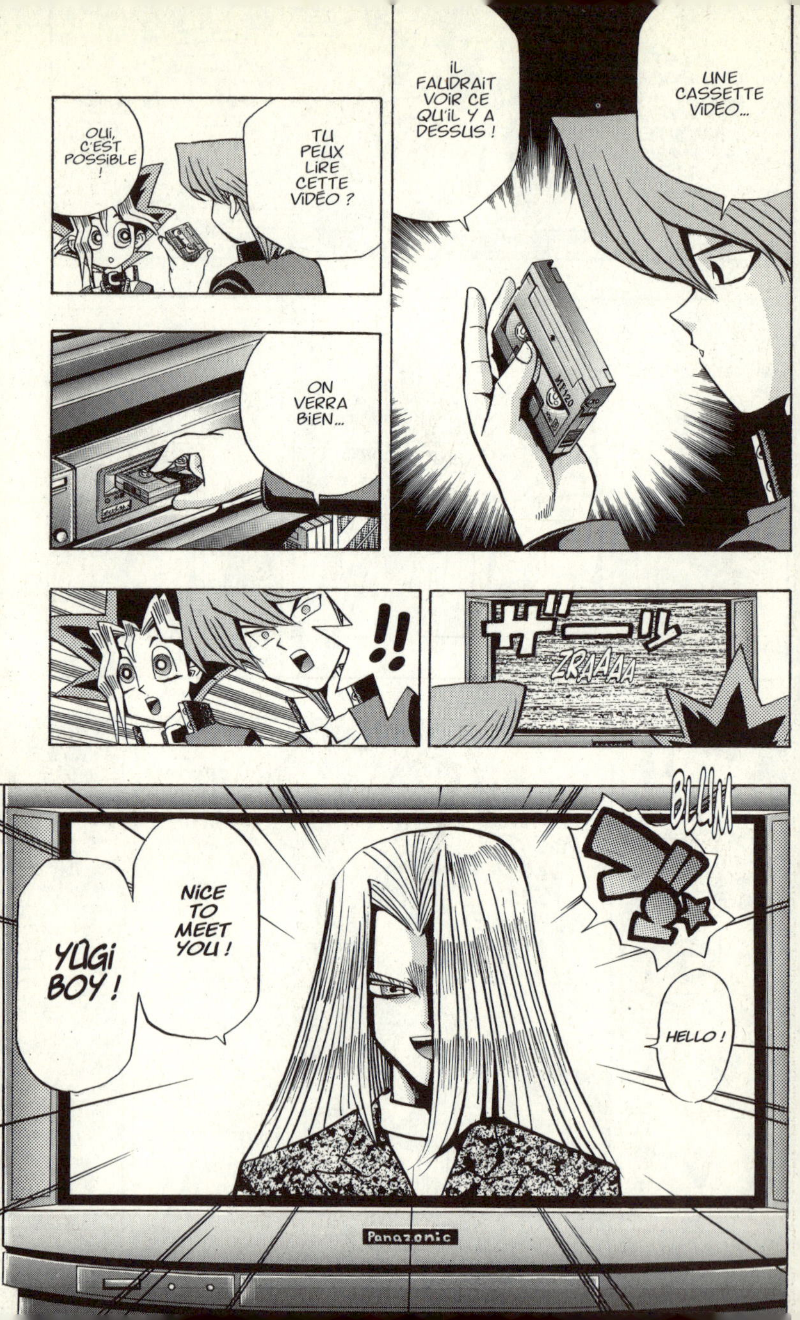
UNE CASSETTE VIDÉO...
IL FAUDRAIT VOIR CE QU'IL Y A DESSUS !
TU PEUX LIRE CETTE VIDÉO ?
OUI, C'EST POSSIBLE !
ON VERRA BIEN...
ザーッ
ZRAAAA
!!
BLLIM
HELLO !
NICE TO MEET YOU !
YÛGI BOY !

MAIS... C'EST...!
C'EST L'AMÉRICAIN QU'ON A VU À LA TÉLÉ, L'INVENTEUR DE MAGIC... PEGASUS QUELQUE CHOSE !!
OH NO ! CE N'EST PAS LA PEINE D'ÊTRE ÉTONNÉ !
C'EST JUSTE UNE LETTRE VIDÉO EN SIGNE DE MON AMITIÉ !
UNE LETTRE VIDÉO ?
JE SUIS AU COURANT DE TON TALENT AU JEU DE MAGIC AND WIZARDS !
BECAUSE... TU AS BATTU KAIBA BOY !
GOOD JOB ! WONDERFUL !
!
ET VOICI L'OBJET DE MA LETTRE !
J'AIMERAIS SAVOIR CE QUE TU VAUX À CE JEU !
J'AIMERAIS PROFITER DE CETTE VIDÉO POUR FAIRE UNE PARTIE CONTRE TOI !
!!
COMMENT ?!

UN MATCH CONTRE UN PERSONNAGE FILMÉ DANS UNE VIDÉO ?!
C'EST DU N'IMPORTE QUOI !!!
COMMENT VOIR LES CARTES QUE POSSÈDE L'AUTRE ?
BON !
PRÉPARE TON JEU DE CARTES ET ON SE RETROUVE DEVANT L'ÉCRAN !
ON COMMENCE LA PARTIE DANS CINQ MINUTES !
GRRU
OK ! JE NE REFUSE JAMAIS UN DÉFI !
YÛGI, TU RELÈVES LE DÉFI ?!
OUI, JE LE FAIS !!!
D'ACCORD, ON PEUT COMMENCER !
DUEL !!!
C'EST L'INVENTEUR DE CE JEU ! J'AURAIS JAMAIS OSÉ LUI DEMANDER DIRECTEMENT, L'OCCASION EST TROP BONNE !
ÇA Y EST ! MON JEU EST PRÊT !
VLAF
OK !!
DEVIL DRAGON
J'UTILISE LA CARTE DU DEVIL DRAGON !!

LA CARTE DU DEVIL DRAGON...
HEIN ...?
C'EST PAS POSSIBLE...!
COMMENT CE MEC QUI EST DANS LA TÉLÉ PEUT VOIR LES CARTES ?!
IL A RÉUSSI À NOMMER LA CARTE QUE J'AI SORTIE...?!
J'AVAIS DÉJÀ DEVINÉ QUE TU SORTIRAIS CETTE CARTE !
YÛGI BOY ! AU TOUR SUIVANT, TU VAS FAIRE FUSIONNER LE RYUKISHI AVEC LE DEVIL DRAGON POUR AUGMENTER SA PUISSANCE !
JE CONNAIS AUSSI TON PLAN D'ATTAQUE !
!!
GROO GROO
PAS POSSIBLE...! IL LIT DANS MON JEU !!
HÉ HÉ... ET MOI, J'UTILISE L'URNE MAGIQUE POUR ENFERMER ET FAIRE DISPARAÎTRE LA CARTE DU DEVIL DRAGON !
GROO GROOO
!!
LE DEVIL DRAGON EST PIÉGÉ !!

LE DESSIN SUR LA CARTE...
... EST ASPIRÉ PAR L'ÉCRAN DE LA TÉLÉ !!
MAIS...
GROO GROO
... C'EST UN JEU DES TÉNÈBRES !!!
KAASH
JE SUIS TON ADVER-SAIRE !!
CELUI QUI A INVENTÉ LE JEU DE MAGIC AND WIZARDS...
IL SE MOQUE DE MOI !!
CE MEC N'EST PAS ORDINAIRE !!!
HE HE ...
YU-GI-OH 7
UN ENNEMI POUR MILLE ANS (FIN)

DONJON and BATTLE GAME
Point de départ
Point de départ
Point de départ

VOIR LA RÈGLE DE JEU PAGE SUIVANTE !

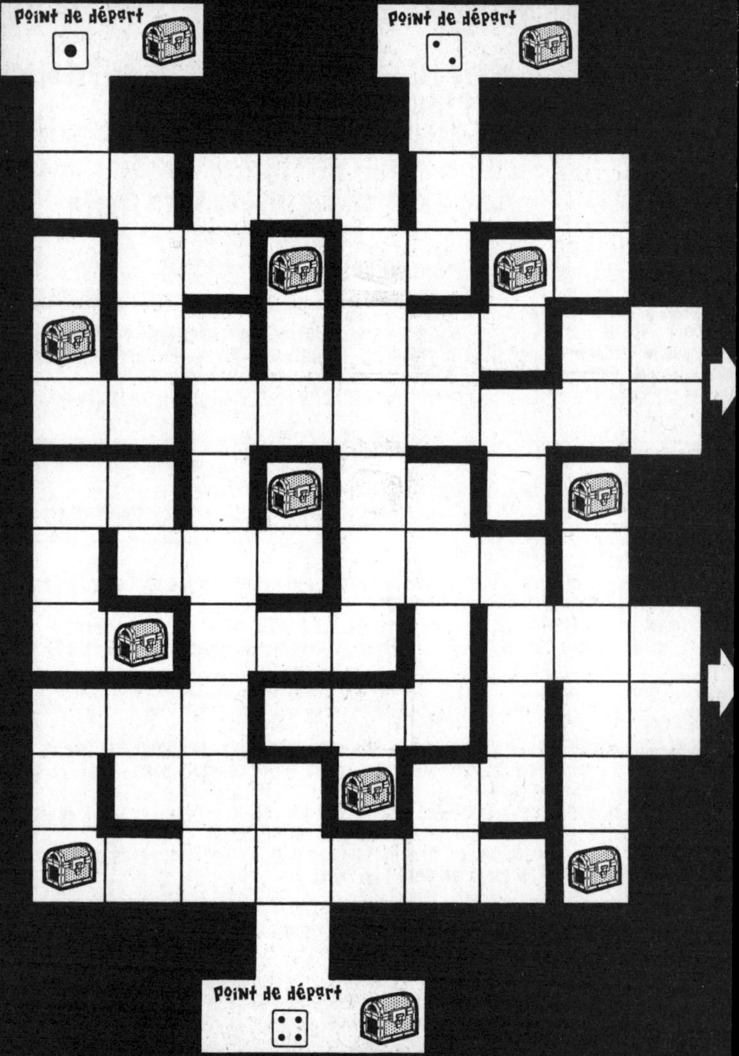

DONJON and BATTLE GAME

NOMBRE DE JOUEURS : DE 2 À 4 JOUEURS.

Ce qu'il faut prévoir pour jouer :

- Deux dés à six faces, de couleurs différentes.
- Des pions pour les joueurs.
- Un plateau qui représente le champ de bataille (par exemple, les pages précédentes copiées et agrandies).
- Une calculette, des feuilles et un crayon.

LA RÈGLE DU JEU

- Les joueurs lancent à tour de rôle un dé.
- Ils placent ensuite leur pion sur la case de départ correspondant au numéro affiché par le dé (dans le cas où deux joueurs affichent le même numéro, on relance les dés).
- Chaque joueur possède 300 points de vie au départ.
- Le joueur a la possibilité d'ouvrir un coffre au trésor situé à la case départ.

COMMENT OUVRIR LE COFFRE AU TRÉSOR ?

Le joueur lance les deux dés de couleurs différentes (le dé A et le dé B) et découvre son contenu en regardant le tableau de la page suivante.

- Les joueurs lancent un dé à tour de rôle et avancent sur les cases du tableau en fonction du chiffre affiché par le dé.
- Si un joueur tombe sur la case du trésor, il a la possibilité de le récupérer ! (On dira qu'une fois découvert, le coffre du trésor devient une case vide !)

COMMENT GAGNER À CE JEU ?

- Celui qui épuise en premier les points de vie de son adversaire gagne la partie.
- Deux types d'attaque sont possibles. Le sort de magie contenu dans le coffre au trésor ou alors, le combat rapproché.
- L'attaque de magie issue du coffre au trésor. Une fois le coffre ouvert, il devient possible d'attaquer ! Même sur un adversaire éloigné de soi.
- Le combat rapproché. Dès que l'on a obtenu des armes ou autres outils et si l'on tombe sur la même case qu'un rival, on peut l'attaquer !

ARMES ET OUTILS

On ne peut se servir que d'un seul outil ou d'une arme à la fois. Lorsque l'on n'a pas d'arme, le niveau d'attaque à main nue est 10A (A=attaque). Mais on peut transporter plusieurs armes et outils.

LE PRINCIPE DU COMBAT RAPPROCHÉ

- On exprime les points de vie du joueur par un P, la puissance de l'arme par A (point d'attaque) et les outils de protection par D (point de défense).
- Les joueurs lancent ensemble les dés. Celui qui sort le chiffre le plus élevé a la possibilité d'engager le combat en premier. En cas de score identique aux dés, celui qui a été défié en combat commence le premier. Si l'un d'eux sort un 6, il a la possibilité de fuir le combat.
- Pour lancer une attaque, on lance un dé et on multiplie le chiffre affiché par le dé par le nombre de points A que possède l'arme utilisée. Ensuite on soustrait le chiffre obtenu des points de vie du rival.

EX : Le dé sort le chiffre 2 × arme (30A) = 60P on soustrait alors 60P des points de vie de celui qui subit l'attaque.

- Si celui qui subit l'attaque possède un outil de protection, il peut déduire les points D de défense du chiffre exprimé par l'attaque pour minimiser le nombre de points de vie qu'il va perdre durant l'attaque.

EX : Le joueur subit une attaque de 200P, si son outil de défense possède 80D (points de défense), il s'en sort avec une attaque de 120P.

LE TABLEAU DES TRÉSORS CONTENUS DANS LES COFFRES.

Dé B / Dé A	⚀	⚁	⚂	⚃	⚄	⚅
⚀	MAGIE NOIRE. ELLE PERMET DE DIRIGER UNE ATTAQUE MEGIRA DE 200P SUR UN SEUL JOUEUR.	MAGIE BLANCHE. GRACE À RUONA, LE JOUEUR GAGNE 200P.	ARME. GRADE SWORD 50A.	LES BOULES TUEUSES. ELLES FONT SUBIR SUR UN SEUL JOUEUR UNE ATTAQUE DE 100P.	ARME. KOMBO 20A.	LE TRÉSOR DE L'ENVOUTEMENT. LE JOUEUR DOIT JETER L'ARME ET L'OUTIL DONT IL S'EST ÉQUIPÉ.
⚁	OUTIL DE PROTECTION. UN ÉNORME BOUCLIER 80D.	PARCHEMIN MAGIQUE. IL PERMET D'APPELER UN MAUVAIS GÉNIE "STRIPPER" QUI S'EMPARE DES OBJETS D'UN SEUL JOUEUR.	MAGIE BLANCHE. GRACE À RUONA, LE JOUEUR GAGNE 200P.	OUTIL DE PROTECTION. LE MASTER SHIELD (ÉCRAN MAGIQUE) 100D.	LE CADEAU DE LA FÉE. 100P EN PLUS.	ARME. LONG SWORD 40A.
⚂	LE CADEAU DE LA FÉE. 200P EN PLUS.	LES BOULES TUEUSES. ELLES FONT SUBIR SUR UN SEUL JOUEUR UNE ATTAQUE DE 100P.	MAGIE NOIRE. ZAP INFLIGE À TOUS LES JOUEURS UN SORT QUI LEUR FAIT PERDRE 100P.	LE CADEAU DE LA FÉE. 100P EN PLUS.	OUTIL DE PROTECTION. UN BOUCLIER EN ACIER 80D.	MAGIE BLANCHE. GRACE À RUONA, LE JOUEUR GAGNE 100P.
⚃	LES BOULES TUEUSES. ELLES FONT SUBIR SUR UN SEUL JOUEUR UNE ATTAQUE DE 100P.	ARME. BATTLE AXE (HACHE) 40A.	OUTIL DE PROTECTION. LE BOUCLIER DU VALEUREUX GUERRIER 80D.	PARCHEMIN CHARMEUR. LA SÉDUISANTE KOGIRL S'EMPARE DE 100P D'UN SEUL JOUEUR !	ARME. SPIA 30A	OUTIL DE PROTECTION. GREAT SHIELD 100D
⚄	ARME. HALLEBARDE 30A.	LE PARCHEMIN DE LA GLACIATION. IL PERMET D'IMMOBILISER UN SEUL JOUEUR PENDANT TROIS TOURS.	ARME. MASTER SWORD 50A.	LE TRÉSOR DE L'ENVOUTEMENT. LE JOUEUR DOIT JETER L'ARME ET L'OUTIL DONT IL S'EST ÉQUIPÉ.	MAGIE BLANCHE. GRACE À RUONA, LE JOUEUR GAGNE 200P.	LES BOULES TUEUSES. ELLES FONT SUBIR SUR UN SEUL JOUEUR UNE ATTAQUE DE 100P.
⚅	MAGIE NOIRE. GIDORA INFLIGE À UN SEUL JOUEUR UN SORT QUI LUI FAIT PERDRE 100P.	OUTIL DE PROTECTION. LE COUVERCLE DE LA POUBELLE 50D.	LE CADEAU DE LA FÉE. 200P EN PLUS.	ARME. LE MARTEAU 20A.	LES BOULES TUEUSES. ELLES FONT SUBIR SUR UN SEUL JOUEUR UNE ATTAQUE DE 100P.	MAGIE NOIRE. GANDA INFLIGE À UN SEUL JOUEUR UN SORT QUI LUI FAIT PERDRE 200P.

Chaque mois, vous êtes très nombreux à nous envoyer vos dessins inspirés par les titres de Kana. De Saint Seiya à Yuyu Hakusho, en passant par Slam Dunk, Détective Conan et bien sûr, Yu-Gi-Oh! C'est un vrai plaisir pour toute l'équipe de Kana d'avoir vos avis, vos encouragements et de voir toute la passion qui anime bon nombre d'entre vous. Alors surtout, n'arrêtez pas! Ces pages sont les vôtres. Profitez-en.

Caroline MAY
12 ans
Noisy-le grand

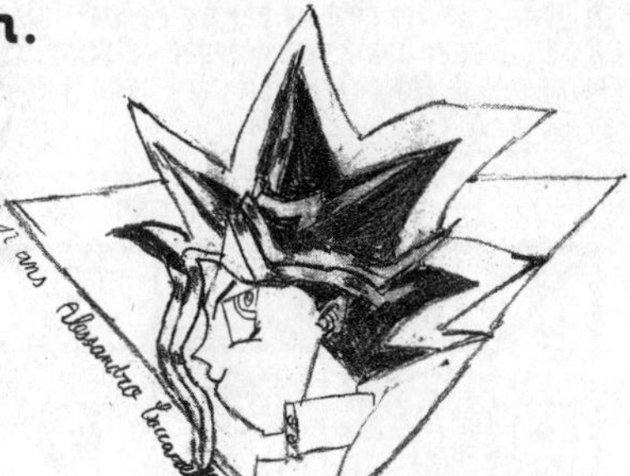

Alessandro CACCAVIELLO
12 ans
Bruxelles

ATTENTION! NOUVELLE ADRESSE

ENVOYEZ-NOUS VOS PLUS BEAUX DESSINS, NOUS LES PUBLIERONS.

ENVOYEZ VOS ILLUSTRATIONS OU PLANCHES [2 MAXI SVP!] A :
KANA, 15/27 RUE MOUSSORGSKI, 75018 PARIS.

N'OUBLIEZ PAS D'INDIQUER VOS NOM, AGE ET VILLE AU DOS DE VOS DESSINS!

ATTENTION, LES DESSINS NE SONT PAS RETOURNES. ENVOYEZ-NOUS DE BONNES COPIES.

BASARA

DE YUMI TAMURA

Quand une jeune fille prend en main l'avenir de tout un peuple.

À la fin du 20ᵉ siècle, le monde connait l'apocalypse et, de là, tombe sous le joug d'un tyran. 300 ans plus tard, dans le pays des montagnes ensoleillées, on prétend que le sauveur de l'humanité vient de naitre. En effet, des jumeaux mixtes ont vu le jour : Tatara et Sarasa. Le mage local annonce que Tatara est le messie.

Ainsi, pendant une quinzaine d'années, Tatara va porter les espoirs de tout un peuple et sa sœur Sarasa se contenter de rester dans l'ombre de son frère.

Mais le destin en décide autrement : inquiété par la rumeur sur Tatara, le tyran de ce monde le fait exécuter. Refusant de voir le peuple privé de son seul espoir, Sarasa se coupe les cheveux et décide de reprendre le flambeau en se faisant passer pour son frère. Et ça marche! Rebaptisée Tatara, Sarasa cristallise le désir de tout un peuple prêt à se révolter. C'est l'histoire de Basara.

Le premier manga d'une collection Shôjo que lance Kana! Mais "Basara", c'est bien plus qu'un simple manga pour filles! C'est un récit épique plein de grands sentiments, d'héroïsme et d'esprit chevaleresque. "Basara", c'est un genre dans le genre, un "Shôjo manga" hors du commun qui, à n'en pas douter, ne laissera personne indifférent.

YU-GI-OH!

7, avenue P-H Spaak - 1060 Bruxelles
3ème édition

First published in Japan in 1996 by Shueisha Inc., Tokyo
French language translation rights in France arranged by Shueisha Inc.
Première édition Japon 1996

Dépôt légal d/2000/0086/10
ISBN 2-87129-251-5

Conception graphique : Les Travaux d'Hercule
Traduit et adapté en français par Sébastien Gesell
Lettrage : Eric Montésinos

Imprimé en Italie par G. Canale & C. S.p.A. - Borgaro T.se (Torino)